schlanke
Hüften

knackiger
Po

straffe
Oberschenkel

Dr. Karen Burke

schlanke Hüften knackiger Po straffe Oberschenkel

Das 30-Tage-Programm gegen Cellulite

FITNESS

ERNÄHRUNG

HAUTPFLEGE

Bechtermünz

Erstmals veröffentlicht 1998 unter dem Titel
Thin Thighs – Diet & Workout
Zuerst veröffentlicht in Großbritannien von
Hamlyn Octopus
Hamlyn Octopus ist ein Imprintverlag von
Octopus Publishing Group Limited
2 – 4 Heron Quays
Docklands
London, E14 4JP

Deutsche Erstausgabe

Redaktionsleitung: Laura Bamford
Lektorat: Jane McIntosh
Kreativdirektor: Keith Martin
Redaktion: Anne Johnson, Catharine Davey,
Nicola Hodgson
Design und Layout: Louise Leffler, Paul Webb
Satz und Produktion: Peter Burt, Julie Hadingham
Illustrationen: Hilary McManus
Fotografien: Peter Myers
Stylistin: Elisa Palmer
Frisuren und Make-up: Elinor Lindstrom, Andrea Black
Foto der Autorin, S. 4: Manning Gurney
Insulin-Diagramm, S. 13: Paul Webb
Bearbeitung und Koordination der deutschen Ausgabe:
Neumann & Nürnberger, Leipzig – Machern
Übersetzung: Kerstin Braun, Leipzig
Umschlaggestaltung: ARTelier für Grafik & Werbung,
München
Umschlagmotive: Mauritius, Mittenwald;
Stock Market, Düsseldorf; Creativ Collection, München
Gesamtherstellung: Toppan Printing Co. (HK) Ltd.

Printed in China

ISBN 3-8289-1908-1

Dr. Karen Burke ist Dermatologin und als Wissenschaftlerin in der Forschung tätig. Ihr wurden die akademischen Grade Dr. phil. für Biophysik von der Cornell University und Dr. med. von der New York University verliehen; derzeit betreibt sie eine Privatpraxis in New York City, wo sie außerdem zum Personal des Cabrini Medical Center gehört.

Dr. Burke hat sich in der Forschung zur Verhinderung und Umkehrung von Alterungserscheinungen der Haut ebenso wie zur Hautkrebsvorsorge und -behandlung einen Namen gemacht. Sie hat außerdem Untersuchungen zu Brustkrebs durchgeführt und Forschungsarbeiten zu verschiedenen Themen veröffentlicht, zum Beispiel zu Fettstruktur und Stoffwechsel.
Sie ist eine herausragende Autorität auf dem Gebiet der kosmetischen Dermatologie und wird häufig sowohl von Pharmazie- als auch von Kosmetikherstellern als Beraterin konsultiert.
Da sie der Auffassung ist, dass „die allerbeste Kosmetik eine natürlich gesunde Haut ist“, hat sie ihre eigene exklusive Produktlinie von *Longévité*® Hautpflegeprodukten aus der Forschung heraus formuliert. Dr. Burke hat zahlreiche Beiträge verfasst und wird oft in Magazinen wie *Harper's Bazaar, Glamour, Elle* und *Family Circle* als Gesundheits- und Hautpflegeexpertin zitiert. Sie ist Autorin von zwei erfolgreichen Büchern, *Thin Thighs for Life* (1995) und *Great Skin for Life* (1996). Weiterhin hat sie zahlreiche Auftritte in den USA, Großbritannien, Frankreich und Deutschland in Funk und Fernsehen absolviert. Sie lebt mit ihrem Mann und ihren Zwillingssöhnen in New York.

Inhalt

Danksagung

Besonderer Dank gilt meinem Mann Peter und Heather Nolan, Dina da Silva, Arthur Burgess, Nancy Burgess, Leila Seenath, Lourdes Abrugar und Katherine Shepherd sowie Maggie Stevens, von der die wundervolle Waterford-, Wedgwood- und Rosenthalware für die Rezeptfotografien zur Verfügung gestellt wurde.

Vorwort

Als ich vor drei Jahren *Thin Thighs for Life* schrieb, hätte ich nie mit einer derart überschwänglichen Resonanz gerechnet. Frauen aus allen Schichten, allen Altersgruppen und vielen Ländern nahmen Kontakt mit mir auf und erzählten mir, sie wären begeistert, da sie tatsächlich mit Hilfe meiner Anleitung ihre unschöne Cellulite loswerden und ihr Aussehen verbessern konnten. Sehr viele dieser Leserinnen fügten hinzu, dass ihnen die Übungen, die sie gelernt hatten, sehr viel Spaß machten – besonders da sie so wenig Zeit beanspruchten und sehr wirksam waren. Sie drückten auch Freude über ihre neue Art zu essen aus: Sie hatten gelernt, große Portionen schmackhafter Speisen zu genießen und gleichzeitig überflüssige Pfunde loszuwerden!

In *Schlanke Hüften, knackiger Po, straffe Oberschenkel* möchte ich Sie mit neuen wissenschaftlichen Erkenntnissen auf dem Gebiet der Hungerregulierung und des Stoffwechsels bekannt machen. Als Ärztin und Wissenschaftlerin kann ich Ihnen medizinische Erkenntnisse und Techniken vorstellen, die Ihnen helfen werden, schöner auszusehen und gesünder, selbstbewusster und glücklich zu werden. Ich räume mit falschen Ansichten über Cellulite auf und erkläre Ihnen, was Cellulite ist, warum sie auftritt – und wie man sie bei sich selbst reduzieren kann.

Außerdem lernen Sie viele neue Möglichkeiten des Kochens kennen. Kapitel 3 bietet Ihnen viele tolle Rezepte, die sich nicht nur leicht ausführen lassen, sondern auch anspruchsvoll genug für besondere Gäste und Gelegenheiten sind. Sie werden erkennen, wo Sie in Ihren eigenen Lieblingsgerichten etwas ersetzen können, um sie in gesunde zu verwandeln, ohne dass sie an Geschmack einbüßen. Sie werden lernen, wie man isst, um den Körper zu ernähren – mit Freude und gesund, ohne Hungergefühle oder gar Heißhungeranfälle – und wie man dabei in den Genuss einer Vielfalt an Geschmacksrichtungen und Speisen kommt. Mit dem Essen nach **GEWEFEZ, Gutes Essen, Wenig Fett, Kein Zucker** können Sie die Speisen wählen, die Sie gern essen. Sie müssen sich nicht an strenge Speisevorschriften halten oder teure Lebensmittel in Spezialgeschäften kaufen. Sie können überall essen – zu Hause mit Ihrer Familie oder in Restaurants – und jede Mahlzeit genießen. Sie werden nicht zur besessenen Anhängerin einer „Diät“. Sie müssen nur ein paar einfache Regeln befolgen und Sie werden etwas über die medizinischen Gründe für diese Anregungen erfahren. Wenn Sie das „Warum“ kennen, wird Ihnen dies helfen das „Wie“ zu entwickeln!

Schlanke Hüften, knackiger Po, straffe Oberschenkel baut auf dem höchst effektiven Übungsablauf aus *Thin Thighs for Life* auf und verbessert Ihre Haltung bei einem Zeitaufwand von nur zwölf Minuten pro Tag. Aus einer Auswahl neuer **Oberschenkel-Schlankmacher** stellen Sie sich Ihr eigenes Drei-Mal-pro-Woche-Intensivprogramm zusammen. Sie lernen neue und spezielle **Pressometrieübungen**, die Sie jederzeit und überall ausführen können, um schlanker und kräftiger zu werden. Das Warten auf Fahrstuhl, Bus oder Zug, das Sitzen am Schreibtisch, in einer Besprechung oder am Telefon

HINWEIS

Es ist immer ratsam sich vor Beginn einer Diät oder eines Trainingsprogramms mit dem Hausarzt abzusprechen. Wenn Ihr Gesundheitszustand ärztliche Behandlung oder rezeptpflichtige Medikamente erfordert oder wenn Sie Verletzungen haben, die Körperübungen einschränken könnten, besprechen Sie unbedingt Ihren Ernährungs- und Übungsplan mit Ihrem Arzt, bevor Sie beginnen. Selbst wenn Sie von keinen medizinischen Problemen wissen, könnte dies ein geeigneter Zeitpunkt für eine medizinische Untersuchung sein.

oder das Stehen im Stau werden nie mehr ärgerliche Zeitverschwendung sein.

Schlanke Hüften, knackiger Po, straffe Oberschenkel bringt Ihnen neue Informationen über das Jahrhunderte alte Verfahren der Hautbürstung und Massage nahe, bei dem spezielle Krems verwendet werden, die tatsächlich dazu beitragen, die ungleichmäßig beulenartige Cellulite zu glätten. Dieser Luxus wird zu einem Teil Ihres Lebens, so wie das Waschen des Gesichtes, und dazu in noch kürzerer Zeit!

Egal, wie sehr außer Form geraten Sie sich im Moment fühlen, Ihr Körper kann sich innerhalb von Wochen verändern – und wenn Sie beginnen, die Kontrolle über Ihr ungewolltes Fett zu übernehmen, statt dem Fett zu gestatten, die Kontrolle über Sie zu haben, dann werden Sie dadurch glücklicher und optimistischer. Ihr Körper ist ein erstaunliches Instrument, das schnell auf neue Zustände und Einflüsse reagiert. Wenn Sie die einfachen Regeln befolgen, die ich beschreibe, garantiere ich Ihnen, dass nach 30 Tagen Ihre Oberschenkel und sogar Ihr ganzer Körper deutlich schlanker sein werden.

Sie können toll aussehen und gesund sein! Verschwenden Sie keine Minute mehr mit Schamgefühlen wegen Ihrer Cellulite. Werden Sie jetzt gleich aktiv! Bieten Sie sich selbst eine wunderbare Lebensweise, die Sie viel besser aussehen lässt, Ihnen Energie verleiht und vielleicht sogar ein längeres Leben. Sie verdienen es! Als im Beruf stark beanspruchte Frau und Mutter kann ich Ihnen versprechen, dass Sie dieses Programm leicht in Ihr tägliches Leben integrieren können, ohne viel Zeit oder Geld darauf zu verwenden.

Wenn wir in das All fliegen können, sollten wir doch auch in der Lage sein ein schmerzfreies System zu entwerfen, um ein wenig Cellulite loszuwerden! Die Strategie, die Sie kennen lernen werden, verschafft Ihnen Wohlgefühl, macht Sie glücklich und lässt sich leicht in Ihr gegenwärtiges aktives Leben integrieren. Lassen Sie die Wissenschaft für sich arbeiten und genießen Sie Ihre Gesundheit!

Cellulite ist kein

Geheimnis

Cellulite ist keine Krankheit. Sie ist eine natürliche Eigenart des weiblichen Körpers, ebenso wie hervorstehende Brüste oder das Fehlen von Körper- und Gesichtsbehaarung. Cellulite ist ganz einfach Fett, das allerdings bei Frauen anders verpackt ist, so dass die Oberfläche dort, wo auf dem weiblichen Körper mehr Fett sitzt (besonders an Hüften und Oberschenkeln), mit Grübchen versehen oder faltig erscheint.

Wenn ein junges Mädchen in die Pubertät kommt, sorgen weibliche Geschlechtshormone dafür, dass sich bei ihr Brüste, Hüften und die typisch weiblichen Rundungen entwickeln. Östrogen führt auch zu mehr Fett im unteren Teil des Körpers, besonders an Schenkeln und Hüften. Wenn sich die weiblichen Fettzellen in der Reaktion auf vermehrtes Östrogen vergrößern, dann ist der Cellulite Tür und Tor geöffnet. Wenn der Zustand sich bemerkbar macht, dann dadurch, dass die Haut das Aussehen einer saftigen Orange oder einer zerlegten Matratze entwickelt.

Sowohl die Grübchen als auch die schrumpeligen Falten werden durch die Art und Weise verursacht, wie das Fett unter der Haut verankert ist und in Fettzellabteilungen gelagert wird, die von verdickten Trennwänden aus Bindegewebe umgeben sind. Denken Sie daran: Das im Körper gespeicherte Fett ist nicht hart und fest, sondern verursacht Kräuselungen, weil es weicher und schwammiger beschaffen ist als anderes Gewebe, z. B. wie Haut oder Muskulatur.

Der kleine Unterschied

Ende der 70er Jahre entdeckten Dr. Nürnberger und Dr. Müller in Berlin einen sehr deutlichen Unterschied zwischen der männlichen und der weiblichen Struktur des Bindegewebes, das die Fettzellen unter unserer Haut „verpackt". Nach einer achtjährigen Untersuchung zur Struktur der Haut und des Fettes der Unterhaut bei Männern und Frauen stellten die beiden Mediziner fest, dass bei Frauen die Fettzellen in Taschen gruppiert sind, voneinander getrennt durch vertikal bogenförmig angeordnetes Bindegewebe, das an die tiefere Schicht (die „Dermis") der darüber liegenden Haut angeschlossen ist und „stehende Fettzellkammern" bildet. Aus diesen Fettzellkammern stoßen kleine Anker nach oben in die untere Schicht der Haut vor und teilen die Regionen der tiefen Dermis. Wenn sich diese Fettzellkammern mit Fett füllen, treten sie nach außen zur Hautoberfläche vor. Das Resultat: Cellulitis! Wenn man einen Sack mit Tomaten fest drückt, so erscheint die Oberfläche ausgebeult. Ähnliches geschieht, wenn sich die Fettzellen innerhalb der Bindegewebetaschen vergrößern, wie das bei einer Gewichtszunahme geschieht; sie zwingen die Haut, sich eng über das Fett zu spannen, wodurch Ihre Oberschenkel kleine Grübchen bekommen.

In der vergleichbaren Haut der Oberschenkel bei Männern sind die Bindegewebsanker in einem horizontalen waben- oder gitterförmigen Muster strukturiert und verpacken die Fettzellen in kleine vielseitige Formen. Die Bindegewebsfasern bei Männern sind nicht nur zahlreicher, sie dringen auch eher im Winkel ein, wie die Leinen eines Fallschirms. Auf Grund dieses netzartigen Aufbaus dringen männliche Fettzellen bei einer Vergrößerung nicht geradlinig in die Dermisschicht der Haut ein und führen daher auch nicht zu der entsprechenden Kräuselung an der Hautoberfläche. Die äußere Schicht der Haut eines Mannes ist dicker als die einer Frau, was den Mann zusätzlich vor dem Schrumpeln der Oberfläche schützt. Schließlich sind die Fetttaschen bei Frauen auch noch größer als bei Männern (im gleichen Verhältnis wie Trauben zu Blaubeeren). Es kann sich wohl jeder vorstellen, dass ein Plastbeutel mit Trauben ausgebeulter wirkt als ein Stoffbeutel mit Blaubeeren!

Diese Verpackung der Fettzellen wird durch die Hormone festgelegt. Bevor ein Kind geboren wird, prägen sich im sechsten oder siebenten Monat seine männlichen Hormone aus. Erst dann, kurz vor der Geburt, ändert sich die Struktur der Verpackung männlicher Fettzellen, so dass der Mann später keine Cellulite entwickelt. Vor dem sechsten, siebenten Monat ist die Fettzellenstruktur des männlichen wie die eines weiblichen Kindes.

Diese Unterschiede des männlichen und weiblichen Gewebes der Ober- und Unterhaut prägen sich mit dem Alter deutlicher aus. Wenn wir Frauen älter werden, verdicken sich unsere Bindegewebsanker, während unsere Oberflächenhaut dünner wird und an Elastizität verliert. Deshalb kann unsere Haut dem Druck der ausbeulenden Fettkammern weniger Widerstand entgegensetzen. Es entsteht eine stärkere Kräuselung und die Grübchen der Cellulite erscheinen deutlicher.

Ob es Ihnen nun gefällt oder nicht, Frauen sind von Natur aus anfällig für Cellulite. Es gibt bei Männern und Frauen Unterschiede in der Beschaffenheit und Struktur der Verpackung der Fettzellen unter der Haut, mit negativen Folgen für uns Frauen!

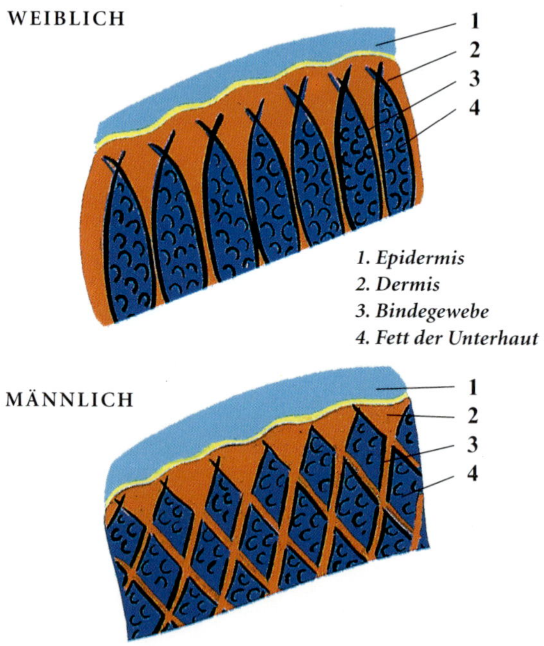

Die Struktur der Haut und des Bindegewebes bei Frauen, hier im Vergleich zur männlichen, ruft die Cellulite hervor.

Wie steht's mit Hormonen?

Hormone haben Einfluss darauf, wie unsere Fettzellen wachsen. Wir alle werden mit einer bestimmten Anzahl an Fettzellen geboren, die von ethnischen und genetischen Faktoren bestimmt wird. Die Anzahl der Fettzellen wächst bis zum Alter von zwei Jahren in Abhängigkeit von der Nahrung, die das Kind bekommt, später nur noch in der Pubertät oder bei einer deutlichen Gewichtszunahme, die zu Übergewicht führt.

Während der Pubertät bewirkt das männliche Hormon Testosteron Veränderungen im Bindegewebe:

1 Vergrößerung aller Muskeln.
2 Eine Verkleinerung der Fettzellen im unteren Teil des Körpers, im Hüft- und Oberschenkelbereich des (jungen) Mannes.
3 Eine Vergrößerung der Fettzellen im Schulterbereich und oberen Brustbereich.

Das weibliche Hormon Östrogen hat eine andere Wirkung:

1 Keine Vergrößerung der Muskeln.
2 Keine Vergrößerung der Fettzellen im Schulterbereich.
3 Vergrößerung von Fettzellen unter dem Nabel, besonders auf Hüften, Po und Oberschenkeln. In einigen Fällen kann diese Veränderung bis zu den Knien reichen.

WEIBLICH

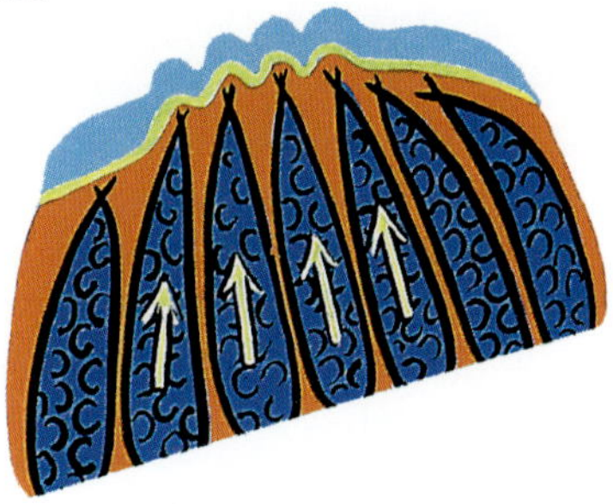

MÄNNLICH

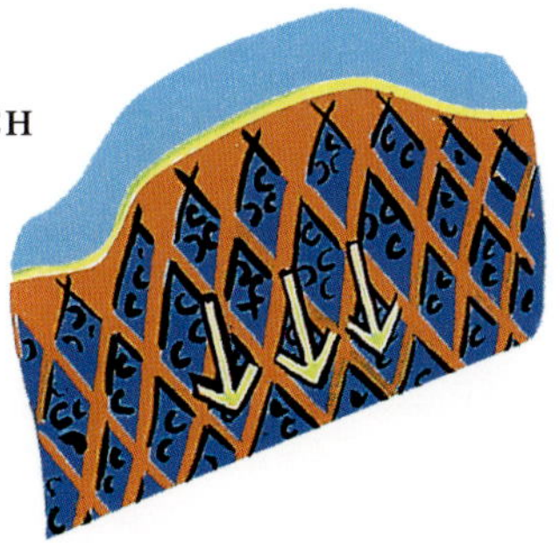

Ein einfacher „Kneiftest" zeigt den grübchen- oder orangenhautartigen Effekt der Cellulite am Oberschenkel bei einer Frau; bei einem Mann jedoch nicht.

Außerdem hat eine normale Frau mehr Fettzellen als ein Mann. Eine durchschnittliche Frau hat mit 21 Jahren tatsächlich fast das zweifache Volumen an Fettzellen wie ein gleichaltriger Mann. Frauen besitzen im Durchschnitt 22 Prozent Körperfett, während Männer nur 12 Prozent haben. Das ist einfach unfair!

Das Östrogen bewirkt nicht nur die Anlagerung von mehr und größeren Fettzellen im unteren Teil des weiblichen Körpers, sondern lässt auch die Dermisschicht der Haut dünner werden, so dass die darunter liegenden Fettzellpackungen an der Hautoberfläche sichtbarer werden. Das Testosteron der Männer hat den zusätzlichen Vorteil, dass es zu dichterer Körperbehaarung führt. Dies unterstützt die ohnehin dickere Haut insofern, als das das Erscheinen von Oberflächenkräuselung noch weiter vermindert wird.

Schließlich bewirkt Östrogen im Gegensatz zu Testosteron eine gewisse Wasserspeicherung. Wenn also der weibliche Hormonspiegel steigt (besonders während der Pubertät oder bei der Einnahme von Verhütungsmitteln), übt das gespeicherte Wasser Druck aus und kann Cellulite scheinbar verstärken.

Warum Äpfel und Birnen?

Wenn Frauen übergewichtig werden, dann konzentriert sich, wie wir alle nur zu gut wissen, der Überschuss leider an Oberschenkeln und Po, und sie nehmen die Form von Birnen an. Männer dagegen werden zu Äpfeln, da sich ihr Überschuss am Bauch sammelt. Diese Verteilung wird nicht allein durch Hormone bewirkt, sondern auch durch das Enzym an der Fettzelloberfläche, das für den Fetttransport in die Zelle sorgt – nämlich Lipoproteinlipase. Je größer die Aktivität dieses Enzyms, desto mehr Fett wird angesammelt. Bei Frauen ist die Aktivität der Lipoproteinlipase in Oberschenkeln und Po größer und bei Männern im Bauchbereich.

Personen, die genetisch bedingt schwerer sind, haben eine erhöhte Enzymaktivität; dies trifft auch auf uns alle zu, wenn wir Zucker essen (da Zucker die Freisetzung von Insulin verursacht und Insulin die Lipoproteinlipase stimuliert). Bei erhöhter Enzymaktivität saugen unsere Fettzellen Fett auf wie ein Schwamm; das Resultat: unsere unschönen Formen! Allerdings wird die Aktivität dieser Lipoproteinlipase durch Koffein und bestimmte Medikamente reduziert. Wie Sie in Kapitel 5 erfahren werden, kann man Krems mit diesen Ingredienzen in die Oberschenkel einmassieren, um das Auftreten von Cellulite verringern zu helfen.

Wie steht's mit der Durchblutung?

Wenn eine Frau übergewichtig wird, kommen negative Faktoren ins Spiel: Fettzellen, die sich in jeder Bindegewebstasche vergrößern, verursachen doppelten Ärger, nämlich eine schlechtere Durchblutung und Drainage des Lymphsystems. Dr. Sergio Curri in Mailand wies nach, dass es eine fein abgestimmte Regulierung der Durchblutung in unserem Fettgewebe gibt, die durch kleine Klappen in den winzigen Blutgefäßen bewirkt wird, die unsere Fettzellen versorgen. Vergrößern sich die Fettzellen, so bewirkt der Druck auf die Mikro-Blutgefäße, dass diese Klappen die Durchblutung einschränken. Einfacher gesagt, wenn wir zunehmen, funktioniert unser Kreislaufsystem nicht normal, was die Entstehung von Cellulite fördert!

Wie wird Fett umgesetzt?

Unser Körper verarbeitet („verstoffwechselt") Fett in einer Kette, vergleichbar mit einem Fließband in einer Fabrik.

1 Wir absorbieren Nahrungsfett aus den Eingeweiden.
2 In unserer Leber wird Fett gespeichert und synthetisiert (in Form von „Lipidmolekülen").
3 Über den Blutkreislauf wird dieses Nahrungsfett und das hergestellte Lipid zu den Fettzellen transportiert.
4 Das Enzym Lipoproteinlipase auf der Oberfläche der Fettzelle baut die fetten Triglyzeride ab zu Glykerol und freien Fettsäuren, damit das Fett in die Fettzelle eintreten kann.
5 In unseren Fettzellen werden zur Speicherung von Fett wieder Triglyzeride gebildet.
6 Wenn wir Energie benötigen, wird der Vorrat an Triglyzeriden in den Fettzellen wieder abgebaut und die freien Fettsäuren werden hinausbefördert, um unsere Muskeln anzutreiben.

Die Herstellung und Speicherung von Fetten wird durch unsere genetischen Anlagen und Hormone gelenkt. Bestimmte Speisen und Medikamente können den Prozess verändern. Zum Beispiel kann Koffein ebenso wie bestimmte Medikamente wie Theophyllin und Aminophylin (das häufig zur Behandlung von Asthma eingesetzt wird), den Fettabbau beschleunigen. Viele der Anticellulite-Krems, die heute auf dem Markt sind, enthalten diese wirksamen Komponenten.

Wenn man Nahrung zu sich nimmt, die zu fetthaltig ist oder wenn man zu viel isst (besonders nach dem Fasten), dann aktiviert das die Bewegung von Fett in die Fettzellen. Die Lipoproteinlipase-Aktivität wird mit der Freisetzung von Insulin (die durch den Konsum von Zucker und veredelten Kohlehydraten angeregt wird) gesteigert, wodurch mehr Fett in die Fettzellen transportiert werden kann. Umgekehrt verringert sich die Aktivität dieses Enzyms durch Fasten, nach anstrengendem Muskeltraining und bei Insulinmangel. Muss ich mehr sagen? Wenn Sie trainieren und bewusst essen, reduzieren Sie auch die körpereigene Produktion des Enzyms, das Fett zu Ihren Fettzellen bewegt.

Insulin

Unsere Bauchspeicheldrüse setzt Insulin frei, das Hormon, das regulierend darauf einwirkt, wie unser Körper Zucker und Fett umsetzt und speichert. Insulin senkt den Blutzuckerspiegel, nachdem wir gegessen haben, indem es Muskelzellen und Leber anweist, die Glukose als Glukogen zu speichern, und die Leber anweist, überschüssige Glukose in Eiweiß und Fett umzuwandeln. Insulin befiehlt außerdem unseren Fettzellen, nicht nur Fett aufzunehmen und zu speichern, sondern auch bereits gespeichertes Fett nicht umzusetzen. Um Cellulite zu verhindern, sollten wir aufhören Fett zu essen und Zucker und Kohlehydrate meiden, da sie Insulin freisetzen.

Die Lösung liegt auf der Hand

All dies lässt sich folgendermaßen zusammenfassen: Cellulite ist ein physischer Tatbestand, der durch weibliche Hormone hervorgerufen wird, die Bindegewebe und Fettzellen beeinflussen. Wenn wir zunehmen, vergrößern sich unsere Fettzellen in ihren Bindegewebstaschen, lassen unsere Haut schrumpelig aussehen und schränken die Durchblutung ein, so dass unser Stoffwechsel verlangsamt wird. Das ist ein Kreislauf, bei dem sich Cellulite immer weiter verschlimmert! Zum Glück kann man ihn, wie wir in Kapitel 3, 4 und 5 erfahren, durchbrechen.

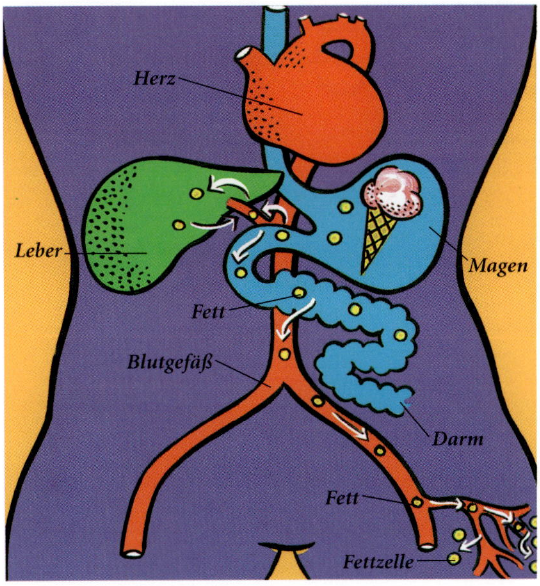

Das Fett, das man isst, wird vom Darm aufgenommen und durch das Blut in die Fettzellen transportiert, entweder auf direktem Weg oder über die Leber.

Wirkungen des Insulins

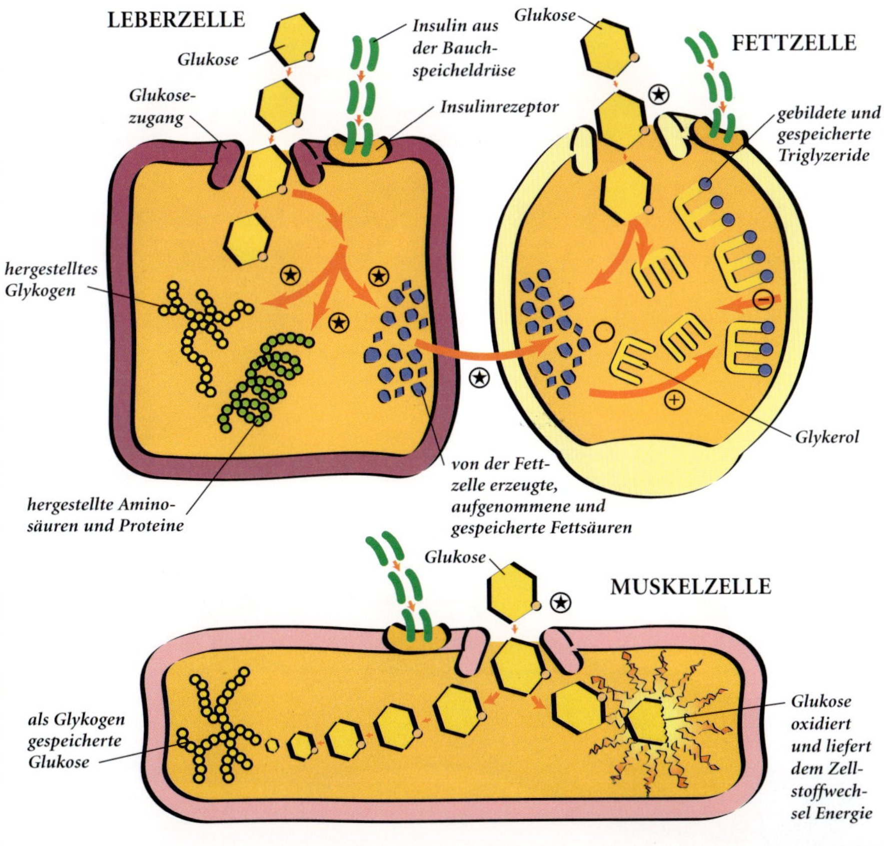

Insulin wird freigesetzt, wenn sich der Blutzuckerspiegel nach der Aufnahme von Zucker und/oder Kohlehydraten erhöht.

Das Insulin wird aktiv und ⊛ beschleunigt und ⊛ fördert den Transport von Glukose in die **Muskulatur** und in die **Fettzellen** hinein. Ohne Insulin sind diese Zellen undurchlässig für Glukose, unabhängig davon, wie viel Glukose im Blut ist.

In der Fettzelle verbinden sich Fettsäuren und Glykerol ⊕ zu Triglyzeriden, der Speicherform des Fettes.

In den **Fettzellen** verbessert Insulin ⊛ die Fettaufnahme, ⊕ fördert die Fettspeicherung und verhindert ⊖ den Abbau gespeicherter Fette.

In der Leber stimuliert Insulin ⊛ den Umbau von Glukose zu gespeichertem Glykogen, Aminosäuren, Protein, Fett und Fettsäuren, die von den Fettzellen genutzt werden, um noch mehr Fett zu speichern.

Eine Lebensweise, die

von Cellulite befreit

Sie sind gerade im Begriff, eine bessere, glücklichere Lebensweise kennen zu lernen. Sie werden in den Genuss kommen, sich in Ihrer Haut wohl zu fühlen, mehr Energie zu haben und gut „in Schuss", fit und cellulitefrei zu sein.

Sie wissen natürlich, dass Ihr Wohlergehen und Ihr Erscheinungsbild von einer angemessenen Ernährung und vom richtigen Training abhängen. Wie können Sie darauf Einfluss nehmen? Was wir in den folgenden Kapiteln kennen lernen ist eine Lebensweise mit ein paar leicht zu befolgenden Regeln für die Ernährung und eine unglaublich wirksame Trainingsmethode, die täglich nur Minuten beansprucht. Es handelt sich hier nicht um einen unrealistischen, überzogenen Plan, mit dem man bestenfalls vorübergehende Ergebnisse erzielen würde.

Unser Konzept unterscheidet sich wesentlich von den meisten Diät- und Übungsprogrammen, die sehr komplizierte Regeln enthalten und verlangen, dass Kalorien oder Gewicht bestimmter Nährstoffe genau gezählt werden und jeder Bissen gewogen wird, der in Ihren Mund gelangt. Exakt festgelegte Pläne verlangen einschneidende Einschränkungen bei den erlaubten Speisen, schreiben täglich Gerichte vor, auf die Sie vielleicht gar keinen Appetit haben (von Ihrer Familie und Ihren Freunden ganz zu schweigen), und anspruchsvolle, schwierige Übungsabläufe, die nicht nur viel Zeit beanspruchen, sondern oft auch spezielle Hilfsmittel oder Einrichtungen erfordern.

Wie Sie beginnen

An Stelle eines komplizierten, starren Programms verwendet die hier vorgeschlagene Lebensweise Konzepte, die auf der medizinischen Wissenschaft beruhen und die Sie leicht in Ihren derzeitigen Tagesablauf einbauen können. Bestimmte Bestandteile und Verbindungen in der Nahrung sind Ihrer Gesundheit tatsächlich abträglich.

Wenn Sie lernen diese zu meiden, kommen Sie in den Genuss einer großen Vielfalt neuer, interessanter Geschmacksrichtungen. Sie werden mit leicht verfügbaren neuen Speisen bekannt gemacht, die so sättigen, dass Sie manche der Extras, die Sie sonst automatisch „in sich hinein schaufeln", gar nicht mehr essen wollen. Und Sie werden lernen, wie man isst, um buchstäblich Fett aus den Fettzellen zu entfernen! Es gibt ein ganzes Sortiment an neuen Rezepten, die alle so auserlesen sind, dass Ihre Familie und Ihre Gäste Sie für eine Gourmetköchin halten werden. Und Sie erhalten eine Tabelle mit Ersatzzutaten, damit Sie Ihre Lieblingsgerichte in gesunde, schlank machende und schmackhafte Gerichte verwandeln können.

Aber das ist noch nicht alles! Ohne Zweifel können Sie Ihre Körperformen durch Körperübungen ändern. Und Sie müssen keine Fitness-Fanatikerin sein, um toll auszusehen. Der Trick besteht darin zu wissen, welche Übungen man machen sollte. Einige Übungsformen können sogar das Körpergewicht erhöhen oder den Umfang Ihrer Schenkel verstärken, indem sie die Muskelmasse vergrößern. Im Allgemeinen kann Muskelentwicklung gut sein, aber durch einige Übungen, die Muskelzuwachs bewirken, wird Cellulite deutlicher sichtbar (Da das vergrößerte Muskelvolumen gegen das darüber liegende Fett drückt und die Hautoberfläche noch schrumpeliger wird!). Am besten mindert man das Auftreten von Cellulite, indem man die Muskeln dehnt – um den Körper zu verlängern. Sie werden eine einzigartige Übungsserie kennen lernen, die Ihre wellige, grübchenartige Cellulite tatsächlich innerhalb von Wochen vermindert und Ihrer Haut gleichzeitig Geschmeidigkeit und Elastizität verleiht. Und um Ihr Ziel zu erreichen, müssen Sie nicht leiden! Die Grundübungsfolge dauert weniger als 15 Minuten täglich, lässt sich also leicht in jeden Tagesplan integrieren. Darüber hinaus gibt es noch **Pressometrie**, Übungen, die man jederzeit und überall ausführen kann, um die Oberschenkel schlanker zu machen, und die Ihnen während einer Müdigkeitsphase neue Energie zuführen können; und es gibt **Oberschenkel-Schlankmacher**, eine längere, intensivere und großartige Übungseinheit.

„Wenn es ein Warum gibt, dann gibt es immer auch ein Wie." – Nietzsche

Sie haben Ihr eigenes sehr persönliches „Warum": Sie wollen für einen bestimmten Anlass (und für den Rest Ihres Lebens) toll aussehen; Sie wollen sich in Ihrer Haut wohler fühlen; Ihnen ist jetzt gerade nach positiver Veränderung zumute; Sie wollen einen bestimmten Menschen überraschen; Sie wollen mehr Energie. Listen Sie all Ihre Warums auf. Platzieren Sie die Liste auf Ihrem Nachttisch, an Ihrem Toilettenspiegel und an Ihrem Kühlschrank. Vor dem Einschlafen, beim Aufwachen und vor dem Knabbern werden Ihre „Warums" Sie bestärken. Mit dem Wissen ausgerüstet, das Sie gleich in sich aufnehmen werden, ist das „Wie" leicht.

Meine Mutter sagte immer: „Erst brauchst du Zauberkraft, dann brauchst du Durchhaltekraft."

Ihre Zauberkraft – Ihre Selbstverpflichtung

Jetzt ist die Zeit für Sie gekommen sich Ihre eigenen erreichbaren Ziel zu setzen und wirklich darüber nachzudenken, was Sie erreichen wollen. Sie schließen einen Vertrag mit sich selbst!

„Es geschieht nichts, was nicht als Traum begonnen hat." – Carl Sandburg

Wie sehen Ihre Träume aus, was Ihren Körper betrifft? Möchten Sie gern,dass Sie in Ihre engen Hosen passen? Dass Ihre Schenkel in Ihrem Badeanzug toll aussehen? Oder einfach, dass man das wellige Fett an Ihren Oberschenkeln nicht sieht?

Treffen Sie klare Aussagen!

Vermerken Sie in Ihrem Fortschrittstagebuch (Seite 122–125), was Ihnen wichtig ist. Möchten Sie den Schwerpunkt auf Ihr Gewicht legen? Sind Sie mehr an Ihrer Konfektionsgröße interessiert oder nur daran, wie Sie aussehen – an Ihrem Spiegelbild?

Seien Sie realistisch!

Wenn Ihre anfänglichen Wünsche und Ziele über das Erreichbare hinausgehen (zu viel, zu schnell), dann werden Sie enttäuscht sein, wenn Sie versagen und Sie geben dann vielleicht sogar auf. So klappt das nicht! Sie können nicht Ihre Knochenstruktur oder Ihr genetisch bedingtes Gewicht verändern, aber Sie können eine verbesserte Ausgabe von sich selbst werden.

Setzen Sie sich Termine!

Wenn Sie sich einmal realistische Ziele gesetzt haben, dann setzen Sie sich selbst auch realistische Termine – keine vagen Hoffnungen, sondern richtige Verpflichtungen für „heute“, oder „diese Woche“. Versprechen Sie, dass Sie im nächsten Monat in Ihrem neuen kurzen Rock gut aussehen werden. Termine sorgen dafür, dass Sie ehrlich und auf dem rechten Weg bleiben.

Ihr Rückgrat – Ihre Verpflichtung

Der Trick an der Sache ist die Verpflichtung! Sie haben schon beschlossen, dass Sie Ihre Lebensweise ändern wollen; jetzt müssen Sie nur noch zu ein paar neuen Gewohnheiten finden. Mit der Zeit werden sie für Sie schon bald zur Routine werden.

„Erst formen wir unsere Gewohnheiten, dann formen die Gewohnheiten uns.“ – John Dryden

Werden Sie Ihr eigener Chef!

Viele Ihrer Gewohnheiten sind Teil Ihres Lebens, nicht weil Sie sie bewusst ausgeprägt haben, sondern weil Sie sie passiv angenommen haben. Lassen Sie nicht zu, dass Ihr weiteres Leben von Gewohnheitsmustern aus dem Unterbewusstsein beeinflusst wird. Gewohnheiten sollten nicht durch Zufall ein Teil unseres Lebens werden, sondern durch bewußte Entscheidung. Sortieren Sie Gewohnheiten aus, die nicht in Ihrem Interesse liegen. Wenn Sie Ihre Muster des Handelns oder Nichthandelns erkennen können, ist die halbe Schlacht schon gewonnen. Planen Sie aktiv für jede Situation eine neue Reaktion. Können Sie dem Kuchen nicht widerstehen, wenn Sie an der Bäckerei vorbeigehen, dann wählen Sie eine andere Route!

Schauen Sie immer über den Tellerrand!

Wenn Sie nach dem Dessert greifen, denken Sie lieber daran, wie viel glücklicher Sie morgen sein werden, wenn Sie weniger wiegen. Setzen Sie sich das größere und dauerhaftere Vergnügen, besser auszusehen und sich besser zu fühlen, als Priorität. Sie haben Ihren Appetit unter Kontrolle, nicht Ihr Appetit Sie!

Seien Sie geduldig! Halten Sie durch!

Erwarten Sie nicht, dass sich Ihr Körper nach nur einigen Tagen verändert. Denken Sie daran, dass es Jahre brauchte, bis Sie Ihre heutige Figur hatten; es wird einige Wochen dauern, bis die Verbesserung wirklich sichtbar wird. Setzen Sie sich kleine, langsam ansteigende Ziele für jeden Tag und jede Woche. Wenn Sie Übergewicht haben, müssen Sie langsam und stetig über mehrere Monate hinweg abnehmen. Ein gutes Ziel ist es, etwa 1 kg pro Woche abzunehmen; lassen Sie sich nicht von einer vorübergehenden Stagnation oder sogar einer Gewichtszunahme von 0,5 oder 1 kg an irgendeinem Tag entmutigen; solche Schwankungen sind ganz natürlich.

Haben Sie immer Ihr neues Selbst vor Augen!

Tun Sie jetzt schon so, als hätten Sie die schnittige Silhouette, die Sie sich wünschen! Wie würden Sie sich fühlen und verhalten? Sie würden sich bewusst und unbewusst anders fühlen und verhalten und neue, gesündere Gewohnheiten annehmen. Sie würden sich wirklich an Ihrem Körper erfreuen und sich in Ihrer Haut wohl fühlen. Sie würden gesunde, nahrhafte, wohlschmeckende Kost essen statt süchtig machende Fette. Es würde Ihnen Spaß machen, Ihr neues ich ohne Cellulite zu zeigen. Sie würden Ihre Aktivitäten nicht um das Essen, sondern um andere Interessen herum planen. Im Kino würden Sie sich auf den Film konzentrieren und das Popcorn mit Butter vergessen. Am kalten Buffet würden Sie probieren und sich nicht überessen. „Denken Sie sich schlanke Schenkel!“ Wenn Sie Ihr Ziel im Kopf haben, werden Sie es in all Ihren Handlungen leben und neue, gute Gewohnheiten ausbilden, um dieses Ziel vollständig wahr zu machen.

Leben ist Wählen

Mit diesem Buch haben Sie nun einen Plan. Lassen Sie sich niemals entmutigen. Werden Sie aktiv und bleiben Sie dabei! Ohne volles Engagement werden Sie keinen erfolg haben. Doch mit Engagement werden Sie alle notwendigen Veränderungen an Ihrer Lebensweise erreichen und Sie werden dadurch belohnt, dass Sie sich besser fühlen und besser aussehen. Es steht Ihnen frei, über Ihre Lebensweise zu entscheiden. Es steht Ihnen frei, die Person zu werden, die Sie sein wollen.

GEWEFEZ-Essen –

Gutes Essen, wenig Fett, kein Zucker!

„Du bist, was du isst.“ Ihre Körperumrisse sind ein Produkt dessen, was in Ihren Mund gelangt. Mit meinem Programm können Sie tolle Speisen zu sich nehmen, die bewirken, dass Sie fantastisch aussehen und sich fantastisch, energiegeladen und zufrieden fühlen. Der Trick besteht im Wissen – im Verständnis dafür, welche Speisen man wählen und wann man sie am besten essen sollte. Die folgenden Rezepte wurden auf ihren Nährstoffgehalt hin analysiert – Energie wird in Kilokalorien (kcal) angegeben; Protein, Fett und Kohlehydrate in Gramm (g).

Gut essen wird zu einem Teil Ihres Lebens werden. „Diäten“ versagen immer, weil Sie Ihnen das Gefühl von Verzicht, Hunger und Langeweile vermitteln. Wenn Sie sich selbst sagen, dass Sie „auf Diät“ sind, dann bekommen Sie sofort einen Heißhunger auf genau die Speisen, die Sie meiden sollen. Und eine „Diät“, die Sie im Kopf so bezeichnen, ist immer etwas Vorübergehendes. Sie können es gar nicht erwarten, die Diät „abzusetzen“, um all die Speisen wieder essen zu können, die Sie „aufgegeben“ hatten – genau die Speisen, von denen Sie überhaupt erst schwerer geworden sind! Vergessen Sie Diäten! Stattdessen können Sie täglich drei Mahlzeiten genießen – und dazu ein paar Snacks. Ihr Hunger wird immer gestillt werden.

Sie müssen nicht Ihr Leben umstellen. Sie können immer noch mit Freunden essen gehen und normale Mahlzeiten mit Ihrer Familie einnehmen. Sie treffen einfach eine durch Wissen fundierte Auswahl dessen, was in Ihren Körper gelangt. Wissen ist Macht. Sie machen die „versteckten Feinde“ ausfindig, so dass Sie schädliche Nahrung meiden und leckere Mahlzeiten genießen können.

Der GEWEFEZ-Plan

Dies ist der neue GEWEFEZ-Plan, der Ihnen Ihr Idealgewicht und mehr Vitalität schenkt. Sie werden diese neue Art zu essen wirklich genießen. Es gibt keine starren Regeln, nur Konzepte, die auf der medizinischen Wissenschaft und gesundem Menschenverstand basieren. Und Sie müssen keine teuren, ausgefallenen Nahrungsmittel kaufen. Das Lebensmittelgeschäft um die Ecke hat alles, was Sie brauchen.

Ihr Ziel:
Gesünder und energiegeladener zu werden
und sich von Cellulite zu befreien.

1 Schränken Sie Fett ein

- Verwenden Sie nur ungesättigte Pflanzenöle in begrenzter Menge
- Meiden Sie gesättigtes tierisches Fett
- Meiden Sie Fett und Salz in Kombination

2 Vermeiden Sie Zucker

- Verwenden Sie künstlichen Süßstoff
- Meiden Sie Fett und Zucker in Kombination

3 Das Ballastschlemmern: Essen Sie mehr Obst und Gemüse

4 Geben Sie Protein den Vorzug

5 Meiden Sie Alkohol

6 Das sollten Sie tun

- Essen Sie Snacks und kleinere Mahlzeiten
- Essen Sie nachts keine große Mahlzeit mehr
- Essen Sie langsam
- Essen Sie, wenn Sie Hunger haben und nur wenn Sie Hunger haben

7 Wasser ist herrlich

8 Vitaminvitalität: Nehmen Sie täglich

Vitamin E (d-Alpha-Tokopherol)	400 IE
Vitamin C (Askorbinsäure)	1000 – 6000 mg
Kalzium	1200 – 1500 mg

Geben Sie Ihrem Leben mehr Jahre und Ihren Jahren mehr Leben

1 Schränken Sie fett machende Fette ein!

Wir essen heute mehr Fette als alle unsere Vorfahren. Woher kommt es, dass Fett uns so anzieht? Wir wissen alle, dass Fett den Geschmack bereichert und für eine kremige Beschaffenheit sorgt, so dass die Speisen leicht rutschen, wenn wir essen. Heute wissen wir auch, dass es sogar ein Gehirnhormon namens Galanin gibt, das unser Verlangen nach Fett reguliert. Dr. Sarah Leibowitz von der Rockefeller University wies nach, dass Tiere, deren Hirn Galanin zugeführt worden war, mehr fettige Nahrung fraßen und, noch schlimmer, dass das Fett leichter direkt in Körperfett umgewandelt wurde. Galanin wird freigesetzt, wenn wir Fett essen; je mehr Fett wir essen, desto mehr Galanin produzieren wir und nach desto mehr Fett verlangt es uns – ein wahrer Teufelskreis! Dr. Leibowitz wies nach, dass Tiere, deren Nahrung zu mehr als 40 Prozent aus Fett bestand (was ungefähr typischen britischen oder amerikanischen Ernährungsgewohnheiten entspricht), doppelt so viel Galanin hatten wie Tiere, deren Nahrung aus weniger als 20 Prozent Fett bestand.

Eine Kost, die zu 15 – 20 Prozent aus Fett besteht, ist optimal. Was bedeutet das? Wenn Sie 59 kg wiegen, sollten Sie nicht mehr als 32 g Fett pro Tag essen (das entspricht etwa 288 kcal), da Fett beachtliche 9 kcal pro Gramm hat, im Gegensatz zu Protein und Kohlehydraten mit nur 4 kcal pro Gramm! Wenn man diese geringere Fettmenge isst, dann begrenzt dies nicht nur das Galanin, sondern verringert auch Arteriosklerose (wodurch die Gefahr eines Herzinfarkts oder Schlaganfalls reduziert wird) und wirkt der Entwicklung einiger Krebsarten entgegen.

Fett macht fett

Wie können wir Fett einschränken?
Mit ein wenig Wissen ist es ganz leicht.

1. Essen Sie nur ungesättigte Fette – das heißt Fette, die bei Zimmertemperatur flüssig sind, wie Pflanzenöle (Kokosöl und Palmöl sind Ausnahmen; beide sind gesättigte Fette). **Einfach ungesättigte** Fette (wie Olivenöl) sind **mehrfach ungesättigten** Fetten vorzuziehen, da sie den Cholesterinspiegel im Blut nicht erhöhen. Jedoch sind bestimmte mehrfach ungesättigte Fette, die in Fischölen enthalten sind („**Omega-3-Fettsäuren**“, besonders hoch bei

Lachs, Makrele, Hering und Forelle), gesund, da sie übermäßige Blutgerinnung verhindern helfen (und dadurch das Auftreten von Herzkrankheiten und Schlaganfällen einschränken).

Meiden Sie **gesättigte** Fette, die bei Zimmertemperatur fest sind, wie das Fett an Fleisch und Geflügel, in Butter, Schmalz und Käse. Wählen Sie Margarine aus Pflanzenfett, vorzugsweise die weicheren Sorten im Plastbecher, da sie weniger gesättigtes Fett enthalten.

2. Kochen Sie in beschichteten Tiegeln ohne Fett. Ersetzen Sie Butter und Öl durch fettfreie Zutaten oder solche mit geringem Fettgehalt. Siehe Kochtipps auf Seite 27.

3. Meiden Sie besonders Speisen mit Salz und Fett. Salz lässt Speisen mit hohem Fettgehalt besser schmecken, so dass wir mehr essen! Können Sie jemals nur ein einziges Kartoffelchip oder eine einzige Erdnuss essen? Alle Erwachsenen sollten zusätzliches Salz meiden! Salz bewirkt, dass sich Wasser zwischen den Fettzellen ansammelt. Ihre Cellulite sieht nicht nur schlimmer aus, sondern sie wird auch schlimmer, da sich die Durchblutung verlangsamt. Im Laufe der Zeit kann sich sogar die Kapillarstruktur so verändern, dass dadurch Durchblutung und Stoffwechsel verlangsamt werden. Selbst wenn Sie Ihre Speisen nicht salzen, achten Sie auf verstecktes Salz in den Speisen, die Sie essen. Käse ist ein besonderer Übeltäter, ebenso Dosensuppen, Konservengemüse, alkoholfreie Getränke, Diätwasser und Frühstücksfleisch. Denken Sie daran, im Restaurant salzfrei zu bestellen.

Erziehen Sie Ihren Gaumen um. Entdecken Sie aufregende Kräuter und Gewürze wie Pfeffer, Dill, Oregano, Estragon, Knoblauch, Zwiebel und Thymian.

4. Lernen Sie, wo es versteckte Fette gibt, damit Sie sie meiden können. Erkennen Sie, welche Nahrungsmittel die Übeltäter sind. Wir wissen alle, dass rotes Fleisch Fett hat, aber wussten Sie, dass Tiere vor dem Schlachten absichtlich zusätzlich fett gefüttert werden und dass Hamburgern und Hotdogs zusätzliches Fett zugeführt wird? Die Gefahr liegt im leicht verfügbaren Fastfood, zum Beispiel Pommes Frites, bei denen einer Kartoffel, die kein Fett und nur 60 kcal hat, 13 g Fett (250 kcal) zugefügt werden! Es gibt versteckte Fette in vielen Nahrungsmitteln, die als gesund gelten, wie in Frühstücksriegeln, Jogurt, künstlicher Eiskrem, Kaffeeweißer ohne Milch und in Backwaren wie Plätzchen und Kuchen. Lesen Sie die Etiketten, bevor Sie etwas kaufen, und wählen Sie fettarme Nahrungsmittel. Es gibt fettarme Nahrungsmittel, die genau so gut schmecken!

2 Meiden Sie zusätzlichen Zucker

Unser Körper „benötigt" rein physiologisch keinen Zucker. Der Mensch konsumiert – historisch gesehen – Zucker erst seit kurzer Zeit. Raffinierten Zucker gab es bis zum Jahr 700 nirgendwo in der Welt. (In der Bibel wird Zucker noch nicht einmal erwähnt!) Raffinierter Zucker müsste eigentlich mit der Aufschrift „Zucker ist gesundheitsschädlich" versehen werden, und zwar aus folgendem Grund: Zucker regt die Bauchspeicheldrüse direkt an, **Insulin** freizusetzen; und Insulin verhindert den Abbau und erleichtert die Speicherung von Fett. Daher bewirkt Zucker, dass Fett noch fetter macht! Außerdem wird überschüssiger Zucker in Fett umgewandelt und so gespeichert.

Biologisch gesehen ist niemand „zuckersüchtig"; jede Sucht ist psychologisch bedingt. Zucker schmeckt gut. Schlimmer noch: Speisen, die sowohl Zucker als auch Fett enthalten, sind am schmackhaftesten! Es ist genau diese verhängnisvolle Kombination in den Nahrungsmitteln, auf die wir Heißhunger haben: Schokolade, Eis, Plätzchen, Kuchen. Etwa 48 Prozent der Kalorien in diesen Nahrungsmitteln kommen vom FETT! Fette Hotdogs sind schlimm genug, aber wenn man dazu Ketchup nimmt (der Zucker enthält), ist das noch schlimmer. Der Zucker regt das Insulin an, das dem Körper signalisiert, dass er das Fett und den überschüssigen Zucker in den Fettdepots speichern soll. Bei Frauen führt das verstärkt zu Cellulite. Sie werden später in diesem Kapitel erfahren, wie Sie diese Fallen umgehen.

Zucker bewirkt, dass Fett noch fetter macht

Geben Sie Kindern nahrhafte Kost mit wenig oder gar keinem raffiniertem Zucker und minimalem Fettanteil. Besonders bei kleinen Kindern kann übermäßige Gewichtszunahme die Bildung von mehr Fettzellen fördern. Einmal gebildet bleiben diese Zellen für immer am Körper, nehmen bereitwillig alles zusätzlich gegessene Fett auf und erleichtern physiologisch eine spätere Gewichtszunahme.

3 Genießen Sie das „Ballastschlemmen“: Obst und Gemüse

Ob Sie es glauben oder nicht: Sie können tatsächlich Fett und Cellulite los werden, indem Sie riesige Mengen bestimmter Nahrungsmittel essen. Der Trick besteht darin, natürliche „harte“ Nahrungsmittel mit viel Volumen zu essen. Sie werden das Schmecken, Kauen und Schlucken genießen und Sie werden ein solches Völlegefühl haben, dass Sie für die nächsten Stunden auf keinen Fall mehr einen Bissen von irgendetwas essen können! Bei diesen gesunden Nahrungsmitteln mit Zauberkraft handelt es sich um Früchte und Gemüse mit hohem Gehalt an Ballaststoffen (Fasern).

Mehr essen, um weniger zu wiegen

Fasern sind der Teil der Nahrung, der nicht verdaut werden kann, jedoch Ihren Magen füllt. Lösliche Fasern ziehen Wasser an und halten es im Verdauungstrakt; sie nehmen in Magen und Darm sogar an Volumen zu! Nicht lösliche Fasern geben Masse zu; sie werden nicht einmal absorbiert! Beide Faserarten verzögern Verdauung und Entleerung, so dass Sie sich länger gesättigt fühlen. Je mehr Fasern – Ballaststoffe – Sie zu Beginn einer Mahlzeit oder zu Beginn des Tages essen, desto weniger Hunger werden Sie später haben. Und Ballaststoffe verringern sogar die Aufnahme von Kohlehydraten (einschließlich Zucker) und Fett durch den Körper. Es wird weniger Insulin freigesetzt und dadurch weniger Fett gespeichert.

Ballaststoffe füllen

Ballaststoffe sind komplexe Kohlehydrate, die pro aufgenommenes Gramm 4 kcal Energie abgeben. Die besten Ballaststoffe sind diejenigen, die das größte Volumen haben und dadurch am besten füllen; diejenigen die den geringsten Kaloriengehalt und die geringsten Mengen Insulin freisetzen. Sie werden sich gesättigt fühlen, wenn Sie eine 250-g-Portion Kohl, Gurke oder Spinat essen (jede mit nur etwa 15 kcal) oder Erdbeeren oder Melone (jede mit etwa 45 kcal). Meiden Sie jedoch solche Ballaststoffe, die die Freisetzung von Insulin veranlassen.

Wenn Sie Vegetarierin sind und tierisches Protein meiden, achten Sie darauf, sowohl Vollkorn als auch Hülsenfrüchte wie Erbsen, Bohnen und Linsen zu essen, damit Sie alle essenziellen Aminosäuren zu sich nehmen. (Getreide hat einen niedrigen Gehalt

Das Ballastschlemmen: Gemüse

Sie können die folgenden Gemüse roh oder gedämpft in unbegrenzter Menge mit schmackhafter Kräuterwürzung zu sich nehmen; fügen Sie jedoch weder Salz noch Butter noch Soßen hinzu:

Artischocken
Auberginen
Bambussprossen
Blattgemüse
Blumenkohl
Bohnen*
Bohnensprossen
Brokkoli
Chikorée
Fenchel
Grüne Bohnen
Gurke
Kohl
Kohlrabi
Kopfsalat
Linsen*
Paprika
(rot, grün oder gelb)
Petersilie
Radieschen
Rosenkohl
Sellerie
Spargel
Spinat
Süßkartoffeln
Tomaten
Wasserkresse
Zucchini
Zuckererbsen
Zwiebeln

* Diese Gemüsearten sind nur gekocht genießbar. Die Portionsgröße sollte auf 50 g beschränkt werden, da sie einen relativ hohen Kaloriengehalt haben.

Insulin freisetzende Ballaststoffe, die gemieden werden sollten

Bananen
industriell verarbeitetes Getreide
(weißer Reis, Weißbrot)
Mais und Cornflakes
Möhren
Rosinen
Rote Bete
weiße Kartoffeln

Das Ballastschlemmen: Obst

Sie können eine Portion der folgenden schmackhaften Früchte essen, entsprechend:

1 Apfel
2 Pflaumen
1 Pfirsich oder Nektarine
125 g frische Ananas

½ Grapefruit oder 125 ml ungesüßten Grapefruitsaft
125 g Blaubeeren, Erdbeeren oder Himbeeren
125 g Kirschen
125 g Kiwis

½ Kantalupe
¼ Honigmelone
6 mm dicke Wassermelonenscheibe

Ein Wort zum Kochen: Je mehr Sie Gemüse oder Früchte verarbeiten, reiben oder weich machen, desto weniger füllen sie. Der Grund liegt nahe: Der Kohlehydratgehalt dieser ballastreichen Nahrungsmittel wird während des Verdauungsvorganges abgebaut. Je veredelter das Kohlehydrat, desto leichter tritt der Zucker in den Körper ein und desto mehr Insulin wird frei gesetzt. Werden lösliche Fasern (besonders Hafer, Bohnen und brauner Reis) zerkocht, so verringert sich ebenfalls ihr Fasergehalt.

Dämpfen Sie die Gemüse nur leicht, so dass sie noch ein wenig knackig sind, wenn Sie sie essen, und servieren Sie Früchte roh, um sowohl ihren Geschmack als auch ihre Beschaffenheit zu erhalten – und um selbst in den Genuss all ihrer Vorteile zu kommen!

an der essenziellen Aminosäure Lysin und Hülsenfrüchte haben ähnlich wenig Methionin, weshalb beide in der Kost enthalten sein müssen.)

4 Geben Sie Protein den Vorzug

Während Zucker und veredelte Kohlehydrate die Freisetzung von Insulin bewirken, stimuliert Protein die Freisetzung von Glukagon, eines Hormons, dessen Tätigkeit die Wirkung von Insulin ausgleicht. Insulin steigert die Fettspeicherung und verhindert den Abbau von Fett; Glukagon dagegen fördert den Abbau vorher gespeicherten Fettes. Und der Glukagonspiegel ist für einige Zeit nach einer Mahlzeit mit viel Protein erhöht, so dass das gespeicherte Fett weiterhin mobilisiert bleibt.

Der andere große Vorteil von Protein ist, dass es sehr gut den Appetit befriedigt. Protein sendet ein direktes Signal an Ihr Gehirn, damit es den Appetit verringert. Sie können nicht mehr als ein oder zwei Portionen Huhn oder Fisch in einer Mahlzeit essen – aber Sie können leicht haufenweise fette Speisen wie Pommes Frites vertilgen. Es ist besser, Protein zu Beginn einer Mahlzeit und früh am Tag zu essen. In Restaurants weiß man, dass Sie weniger essen, wenn Sie zuerst Protein essen, deshalb regt man Ihren Appetit an, indem man Ihnen zuerst Weißbrot und Alkohol serviert.

„Anständige Mahlzeiten machen oft unanständig runde Menschen.“ – E. JOSEPH COSSMAN

Über die so genannte Nahrungskombination sind mehrere Bücher geschrieben worden. Sie vertreten grundsätzlich die Überzeugung, dass der menschliche Körper Protein und Stärke nicht zur selben Zeit verdauen kann. Es stimmt zwar, dass die Verdauung von Stärke im Mund mit der Tätigkeit des Speichels und die Verdauung von Protein im Magen beginnt, doch wird die Verdauungstätigkeit keineswegs durch eine Mischung dieser Nährstoffe verändert. Es gibt keinen wissenschaftlichen Nachweis dafür, dass die Art und Weise, wie Nahrung gemischt wird, Ihre Verdauung ändert.

Allerdings werden Sie weniger essen, wenn Sie die Geschmacksvielfalt bei einer Mahlzeit begrenzen. Ich nenne dies das „Weihnachtsessen-Syndrom“. Als Hauptgericht essen Sie Ente mit Füllung, Klößen und Gemüse bis Sie satt sind und keinen Bissen mehr hinunterbringen. Dann erscheint der Nachtisch und natürlich können Sie nicht widerstehen. Gäbe es jedoch zum Nachtisch gefüllte Ente mit Klößen und Gemüse, würden Sie mit großer Wahrscheinlichkeit „das kleine Häppchen“ nicht mehr essen! Ich empfehle Ihnen, sich zum Frühstück für Protein (ein Eiweißomelett) oder Kohlehydrate (zum Beispiel Vollkornreis, Kleiegebäck oder französischen Schlankheitstoast, Seite 33) zu entscheiden, mit oder ohne Gemüsesalat, und dass Sie zum Mittag- und Abendessen eine Portion Protein mit Gemüsesalat essen.

5 Meiden Sie Alkohol

Wenn Sie aktiv versuchen abzunehmen um Ihre Cellulite loszuwerden, meiden oder minimieren Sie Alkohol. Alkohol liefert keine Nährstoffe – im Gegenteil verlangt er der Leber zu seiner Umsetzung Extraarbeit ab, und er hat 7 kcal je Gramm, fast so viel wie die 9 kcal pro Gramm, die durch Fett beigesteuert werden! Alkohol verursacht auch eine gewisse Freisetzung von Insulin (allerdings weniger als eine Portion Mais oder eine Scheibe Weißbrot).

Noch ungünstiger ist, dass Alkohol Ihren Appetit überhaupt nicht befriedigt. Es ist im Gegenteil wahrscheinlich, dass er Sie anregt, Snacks mit hohem Fettgehalt zu verzehren, wie sie in Bars und bei Partys angeboten werden. Wein zum Abendessen verstärkt den Geschmack von Speisen und verfälscht unsere Urteilskraft, so dass wir mehr essen.

Wenn Sie dennoch dem Alkohol frönen wollen, ist Rotwein noch am akzeptabelsten (mit 137 kcal pro Glas mit 175 g). Bestimmte Rotweinsorten können bei einem Glas täglich sogar Arteriosklerose mindern. Meiden Sie Bier (150 kcal pro Glas) und Dessertwein (240 g pro Glas), da beide einen schnellen Insulinanstieg verursachen. Es empfiehlt sich, nur während des Essens oder danach Alkohol zu trinken, denn wenn der Magen voll ist, wird die Absorption von Alkohol verlangsamt.

6 „Grasen" Sie

Der Mensch hat sich als „grasendes" Wesen entwickelt. Schauen Sie sich Kinder an: Sie essen alle vier Stunden kleinere statt großer Mengen zwei oder drei Mal täglich. Erst zur Zeit der industriellen Revolution begannen wir, drei Mahlzeiten am Tag zu uns zu nehmen, da sich das Leben um den Zeitplan der Fabriken drehen musste. Heute sollen wir ein schlechtes Gewissen haben, wenn wir zwischendurch Snacks essen. Aber viele kleine Mahlzeiten am Tag zu sich zu nehmen ist eigentlich die gesündeste Art zu essen – so lange die Snacks kein industriell hergestelltes fettiges Fastfood sind, sondern herrliche Hunger-Helfer!

Grasen ist eine besonders gute Essweise für nervöse Esser (die nun ständig mampfen dürfen) und für zwanghafte Esser (die nun nicht mehr schlingen müssen). Am besten hält man sich an den Plan „Frühstücken wie ein König, Mittag essen wie eine Königin, zu Abend essen wie ein Bettler" und nimmt zwischen allen Mahlzeiten (am mittleren Vormittag und am mittleren oder späten Nachmittag, aber mindestens eine Stunde vor dem Abendessen) noch einen Snack mit hohem Ballastgehalt zu sich. Es ist besonders günstig, die letzte große Mahlzeit spätestens drei Stunden vor dem Zubettgehen zu essen, da während des Schlafens keine Kalorien mehr richtig verbrannt werden. Es ist jedoch in Ordnung, eine Stunde vor dem Schlafen noch einen gesunden, ballasthaltigen Snack zu nehmen.

Unglücklicherweise erlauben unsere moderne Lebensweise und unsere Zeitpläne eine solche „königliche Kost" normalerweise nicht, aber Sie können versuchen, mehr füllendes Protein zu Tagesbeginn zu essen, da dies hilft, später Ihren Appetit zu zügeln. Der Vorteil der Snacks zwischen den Hauptmahlzeiten ist, dass Sie keine Mahlzeit ausgehungert beginnen. Wenn Sie ein Mahl mit Hunger angehen, werden Sie dazu tendieren, schnell und viel zu essen. Sie werden sich nicht vor Ablauf von mindestens 20 Minuten nach dem ersten Bissen gesättigt fühlen, doch bis dahin könnten Sie schon wesentlich mehr gegessen haben, als Sie brauchen.

Versuchen Sie langsam zu essen

Lassen Sie Ihrem Magen Zeit sich zu füllen und Ihrem Gehirn Zeit, den Hunger abzuschalten, wenn Sie eine vollständige Mahlzeit essen!

Essen Sie nur, wenn Sie Hunger haben

Wenn Sie zur Mahl- oder Snackzeit keinen Hunger haben, essen Sie sehr wenig oder trinken Sie ein Glas Wasser. Wenn Sie sich aber entschließen, eine Mahlzeit oder einen Snack auszulassen, sorgen Sie dafür, dass Sie nicht „aushungern". Nehmen Sie immer eine kleine Tüte mit herrlichen Hunger-Helfern mit; gesunde, ballasthaltige Snacks, an denen Sie knabbern können (siehe nächste Seite).

Snacks haben noch einen anderen physiologischen Vorteil. Erinnern Sie sich an das Hirnhormon Galanin, das unser Verlangen nach Fett verstärkt? Galanin wird freigesetzt, wenn Ihr Gehirn Fett im Blut entdeckt, entweder nachdem Sie Fett gegessen haben oder wenn Ihr Körper in „Hungerzeiten" Fett abbaut – das heißt, wenn Sie mehr als sechs bis acht Stunden nichts gegessen haben. Wenn Sie

„grasen" und öfter kleinere Mengen essen, verringern Sie die Galaninproduktion, was wiederum jegliches Verlangen nach Fett reduzeirt, das sich vielleicht bei Ihnen einstellen könnte.

7 Wasser ist herrlich

Wasser ist das beste Getränk! Es hat keine Kalorien, kein Fett und keine chemischen Zusätze und es kann eine hervorragende Hilfe bei der Bekämpfung des Hungers sein. Trinken Sie 30 Minuten vor jeder Mahlzeit ein Glas sprudelndes* oder stilles Wasser mit Zimmertemperatur (mit einer ausgedrückten Scheibe Zitrone, Limone oder Orange, um den Geschmack zu verbessern). Oder nehmen Sie einen italienischen „canarino" – eine Tasse heißes Wasser mit einer Zitronenscheibe. (Dies wirkt hervorragend bei Hunger zwischen den Mahlzeiten.) Wenn Sie ausgehungert sind, essen Sie vor Ihrer Mahlzeit etwas Ballastreiches und trinken Sie ein Glas Wasser. Die Ballaststoffe dehnen sich aus, so dass Sie ein Gefühl der Sättigung haben, bevor Sie Ihr Mahl beginnen.

Hier noch ein besonderes Geheimnis: Während einer Mahlzeit Wasser zu trinken kann katastrophale Wirkung haben. Es könnte dabei passieren, dass Sie schlucken, bevor Sie gründlich gekaut haben. Sie essen mehr mit weniger Genuss! Meiden Sie besonders eiskaltes Wasser, da dieses Ihre Verdauungsenzyme ankurbelt und Ihren Hunger verstärkt. Trinken Sie zu Ihrer Mahlzeit nicht mehr als ein Glas Wasser, aber zwischen den Mahlzeiten so viel Sie wollen.

* Wenn Sie abgefüllte Selters trinken, lesen Sie das Etikett. Manche Produkte enthalten Kalzium, was gut ist. Meiden Sie solche, in denen unerwünschtes Natrium enthalten ist.

8 Vitalität durch Vitamine

Das Erstaunliche an Vitaminen ist nicht nur, dass sie bereits in kleinen Mengen Mangelkrankheiten verhindern können, sondern auch, dass zusätzliche Gaben deutlich die Gesundheit verbessern. Die Vitamine C und E können direkt helfen, Cellulite zu verringern. Wenn Sie Ihren Konsum an Milchprodukten einschränken, um gesättigte Fette zu verringern, ist eine ergänzende Kalziumgabe zu empfehlen.

Es ist nicht möglich, allein aus der Nahrung ausreichend Vitamin C und E zu beziehen. Sie müssten 44 Esslöffel Sonnenblumenöl einnehmen, was

Herrliche Hunger-Helfer

Herrliche Hunger-Helfer sind tolle Snacks, die Sie zwischen den Mahlzeiten genießen können! Hier sind einige:

1 Wasser mit Kohlensäure, vermischt mit Pampelmusen-, Orangen-, Ananas-, Apfel- oder Preiselbeersaft.

2 Heißes oder kaltes Wasser mit einer Scheibe Zitrone, Limone oder Orange oder mit einem Teelöffel Cider oder Balsamico (und künstlichem Süßstoff, wenn Sie wollen).

3 Zucchini-, Sellerie- oder Kohlrabistücke. Bewahren Sie diese aufrecht im Kühlschrank in einem Glas auf, das mit etwas Wasser gefüllt ist oder nehmen Sie sie in einem verschließbaren Plastebeutel mit auf Arbeit (nachdem Sie das Gemüse gewaschen haben, ohne es abzutrocknen).

4 In Streifen geschnittene rote, grüne oder gelbe Paprika, Gurken, Partytomaten, Salatblätter und/oder Radieschen.

5 Gewaschene und geputzte grüne Bohnen, Stangenbohnen, Spargel.

6 Dünn geschnittene Scheiben von Orangen, Birnen, Äpfeln, Pfirsichen und Ananas- oder Melonenstücke.

7 An der Luft hergestellter Puffmais (Popcorn) mit Gewürzen, ohne Butter und Salz. (Wenn Sie unbedingt etwas Butterartiges hinzufügen müssen, verwenden Sie kalorien- und fettarme Margarine.) Versuchen Sie mit Kreuzkümmel, Zimt mit künstlichem Süßstoff, Curry, Zwiebel, Knoblauch, Dill, Koriander, Salbei, Thymian zu würzen. (Zwar ruft Mais die Freisetzung von Insulin hervor, doch entspricht eine große Schüssel Popcorn, die vier Portionen ergibt, nur etwa einer Achtelportion Mais.)

8 Süßigkeiten ohne Zucker.

9 Weizenkuchen.

10 Nicht gesüßtes Getreide, besonders Puffweizen, Kleieflocken oder geschroteter Weizen.

5257 kcal reinem Fett entspricht, und mehr als 100 Orangen konsumieren oder viele Pfund Paprika oder Schwarze Johannisbeeren! Die Vitamine C und E sind Antioxydanzien, die freie Radikale auslöschen und uns vor ultravioletter Strahlung, chemischen Schadstoffen, Ionenstrahlung, thermischen Verbrennungen und vielen Krebsarten schützen. Sie stärken auch unser Immunsystem und helfen, Arteriosklerose zu verhindern, wodurch das Infarkt- und Schlaganfallrisiko zurückgeht. Wenn diese Gründe noch nicht ausreichen, dann sollte die Tatsache, dass die Vitamine C und E bei der Bekämpfung von Cellulite helfen, ihre Einnahme ganz sicher rechtfertigen. Sowohl Vitamin C als auch E sind für die Neuformierung von Kollagen wichtig und können helfen, die Verdickung der Bindegewebstaschen zu verhindern, die bei unserer Cellulite als Verpackung für die Fettzellen dienen. Weniger Verdickung bedeutet weniger Cellulite.

Beide Vitamine schützen auch gegen mögliche Hautgewebsschäden. Als Folge von Aerobicübungen können freie Radikale entstehen, die ihrerseits das Muskelgewebe beschädigen. Der Nutzen von Aerobicübungen, die für einen cellulitefreien Körper unumgänglich sind, wird dadurch eingeschränkt. Indem sie freie Radikale vernichten, erhöhen die Vitamine C und E die Übungstoleranz. Und sie schützen Ihre Haut vor Beschädigung durch die Sonne – trotzdem sollten Sie immer einen Sonnenschutz mit hohem LSF (mehr als 20) verwenden, wenn Sie im Freien üben.

Jeder Erwachsene sollte täglich 1000 bis 6000 mg Vitamin C in Form von Kapseln, Brausetabletten in Wasser oder als Askorbinsäurepulver (ein Teelöffel entspricht 3000 mg) in Wasser oder Saft einnehmen. (Wenn Ihr Magen dagegen rebelliert, nehmen Sie Vitamine nach dem Essen ein oder verwenden Sie eine Sorte mit langsamer Freisetzung.)

Die meisten Vitamin-E-Präparate, die sich im Angebot befinden, sind künstlich hergestellt, es handelt sich um eine Mischung aus 32 Isomeren, von denen nur eines (d-Alpha-Tokopherol) eine deutlich höhere biologische Potenz hat. Meiden Sie Vitamin E, das als Tokopherolmischung oder als dl-Alpha-Tokopherol gekennzeichnet ist. Die beste Form des Vitamin E ist natürliches Vitamin E, nämlich d-Alpha-Tokopherol oder d-Alpha-Tokopherylazetat (ein Öl) oder d-Alpha-Tokopherylsuccinat (ein Trockenpulver). Jeder Erwachsene sollte 400 IE pro Tag (in Kapselform) einnehmen, was zu einem längeren, gesünderen und cellulitefreien Leben verhelfen kann.

Kalzium

Die meisten von uns wissen, dass Kalzium für unsere Knochen wichtig ist, besonders um im Alter Osteoporose zu verhindern. Die empfohlene Tagesmenge für Frauen beträgt 1200 mg Kalzium pro Tag und erhöht sich bei Frauen über 50 auf 1500 mg. Schwangere Frauen sollten 1200–1600 mg pro Tag einnehmen (konsultieren Sie Ihren Arzt).

Wie können wir ausreichend Kalzium aufnehmen, wenn wir unseren Konsum an Milchprodukten einschränken, um ihren hohen Fettgehalt zu umgehen? Da Nahrungsmittel mit Kalzium relativ viele Kalorien haben, empfehle ich stattdessen ergänzende Kalziumgaben. Kalziumnitrat, das besser aufgenom-

GEWEFEZ – Ersatzstoffe

Verwenden Sie	***statt***
Butternusskürbis	Spagetti
Eiweiß	Eier**
Geflügel	Rind-/Schweinefleisch
gemahlenen Pfeffer, Dill, gehackten Knoblauch, geriebenen Ingwer, Koriander	Salz
geriebenen Sellerie, Zucchini	Semmelbrösel
Hühnerbrühe	Butter oder Öl zum Sautiren
Magerjogurt	Majonäse, saure Sahne
Magermilch (fettfrei oder mit 1% Fett) fettarme Kondensmilch	Sahne
Pfeilwurzstärke	Mehl (als Verdicker)
pürierte Früchte (z. B. Apfelmus)	Butter in Kuchen*, Öl in Muffins
pürierte Pflaumen	Butter in Schokoladenkuchen, Öl in Schokoladenkuchen

* Verwenden Sie dieselbe Menge an Früchten wie für Fett im Rezept angegeben ist.

** Werden mehrere Eier vorgeschrieben, nehmen Sie nur ein Eigelb dazu.

men wird als Kalziumkarbonat, ist am besten. Ergänzungen wie Dolomit oder Knochenmehl sollte man meiden, da sie Blei oder andere giftige Elemente enthalten können. Bei dieser Auswahl kann eine Cellulite-Bekämpferin leicht ausreichend Kalzium zu sich nehmen – sie muss nur gut planen.

GEWEFEZ-Kochtipps

1 Nehmen Sie immer Kochgeschirr mit beschichteter Oberfläche. Leisten Sie sich die neuen Spezialpfannen, die auf dem Markt sind, wie die Bratpfanne mit konzentrischen Rillen zum Grillen. Manchmal wird in der Gebrauchsanweisung empfohlen, die beschichtete Oberfläche mit etwas pflanzlichem Speiseöl vorzubehandeln und dann mit einem Küchentuch auszuwischen. Zum Braten oder Sautieren können Sie auch einen Spritzer fett- und kalorienfreies Bratspray verwenden.

2 Um den Geschmack des Fettes zu ersetzen, würzen Sie Speisen mit einem Teelöffel säuerlicher Würzmittel wie Weißwein, etwas frisch gepresstem Zitronen-, Limonen- oder Orangensaft oder ein paar Tropfen Balsamico.

3 Entwickeln Sie aus Ihren fetthaltigen Lieblingsgerichten Ihre eigenen sensationellen kalorien- und fettarmen Gerichte, indem Sie ohne Salz würzen und Zutaten mit hohem Fettgehalt oder Insulin freisetzender Wirkung durch fettfreie, nicht Insulin freisetzende Zutaten ersetzen.

4 Ziehen Sie bei Geflügel und Fisch stets die Haut ab. (Hähnchenfleisch kann zunächst mit Haut zubereitet werden, damit es saftig bleibt; entfernen Sie jedoch die Haut, bevor Sie die letzten Gewürze hinzugeben.)

5 Enfernen Sie vor dem Kochen stets alles sichtbare Fett von Fleisch, Geflügel und Fisch.

6 Garen Sie Pilze, Tomaten, grüne Paprika und andere Gemüse für 2 Minuten in der Mikrowelle, abgedeckt und mit ein paar Tropfen Wasser im Tiegel.

7 Statt Knoblauch, Zwiebeln und anderes Gemüse in Öl anzubraten, geben Sie es in eine Pfanne mit einer kleinen Menge Brühe, Wein oder Wasser. Decken Sie die Pfanne dicht ab und lassen Sie alles köcheln bis das Gemüse weich ist (normalerweise nur ein paar Minuten).

8 Bräunen Sie Gehacktes und Geschabtes immer gut und lassen Sie das Fett abtropfen. Legen Sie das Fleisch dann in ein Sieb und spülen Sie das überschüssige Fett mit heißem Wasser ab.

9 Kaufen Sie stets die fettarmen oder fettfreien Sorten Jogurt, Käse, Hüttenkäse, Schafskäse, saure Sahne und verwenden Sie Magermilch und fettarme Kondensmilch.

10 Setzen Sie Gehacktem, Geschabtem oder Geflügel nie Semmelbrösel zu. Semmelbrösel saugen Fett auf, so dass es nicht abtropfen kann.

11 Stellen Sie Croutons für Suppen und Salate aus leichtem Vollkornbrot in der Mikrowelle oder im Toaster her, aber ohne Butter oder Margarine.

12 Manche Rezepte erfordern Brühe. Um zu vermeiden, dass sie fettig ist, stellen Sie die Brühe selbst her! Für Gemüse- oder Fischbrühe lassen Sie einfach eine Auswahl an Gemüse und Kräutern oder Fischköpfen und Gräten mit Kräutern 20–30 Minuten lang in etwas Wasser leicht kochen. Fleisch- und Geflügelbrühe erhalten Sie, indem Sie Knochen (ohne Fett!) 1–2 Stunden köcheln lassen. Stellen Sie die Brühe über Nacht in den Kühlschrank und nehmen Sie das Fett ab, das zur Oberfläche steigt. Sie können Brühe in Eiswürfelgittern einfrieren und nach Bedarf Würfel entnehmen.

13 Frisch geriebene Schale und Saft von Zitronen, Limonen oder Orangen bereichern Soßen, Garnierungen und Salatsoßen.

14 Wenn Sie ein hektisches Leben führen, ist es sinnvoll, wenn Sie von jedem speziellen kalorienarmen Rezept mehr zubereiten als Sie brauchen und den Rest einfrieren. Dann haben Sie immer eine gesunde Mahlzeit zur Hand, die sie leicht aufwärmen bzw. in die Mikrowelle stellen können.

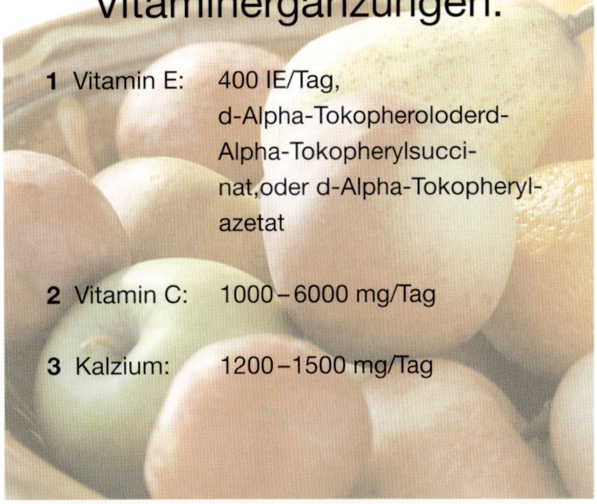

Vitaminergänzungen:

1 Vitamin E:	400 IE/Tag, d-Alpha-Tokopheroloderd-Alpha-Tokopherylsuccinat,oder d-Alpha-Tokopherylazetat
2 Vitamin C:	1000–6000 mg/Tag
3 Kalzium:	1200–1500 mg/Tag

GEWEFEZ-Anregungen fürs Leben

1 Setzen Sie sich nie ausgehungert an eine Mahlzeit. Trinken Sie, selbst wenn Sie nicht hungrig sind, 30 Minuten vor dem Essen ein großes Glas Wasser. Übermäßiger Hunger wird dadurch gestillt.
2 Essen Sie Frühstück, Mittag und Abendbrot und zwei oder drei Snacks.
3 Essen Sie nie und nimmer zwischen den Snacks!
4 Essen Sie nur, wenn Sie Hunger haben! Wenn Sie nicht genug Hunger für einen Snack haben, lassen Sie ihn aus, aber achten Sie darauf, dass Sie vor der nächsten Mahlzeit nicht ausgehungert sind. Wenn Sie zu den Mahlzeiten keinen Hunger haben, essen Sie nur wenig.
5 Lassen Sie sich Zeit! Setzen Sie sich zum Essen immer hin und schmecken Sie, während Sie kauen, intensiv jeden Bissen. Versuchen Sie langsamer zu essen als alle anderen.
6 Legen Sie zu Hause oder auf Arbeit einen bestimmten Platz zum Essen fest. Das hilft Ihnen mit der Gewohnheit zu brechen, beim Laufen zu essen.
7 Vermeiden Sie es vor dem Fernseher, im Kino oder als Zuschauerin bei Sportveranstaltungen zu essen. Dadurch schränken Sie das gewohnheitsmäßige unbewusste Essen ein.
8 Schneiden Sie Ihre Speisen in kleine Stücke; nehmen Sie kleine Bissen; kauen Sie jeden Bissen mindestens zehnmal.
9 Kosten Sie Ihr Essen! Nehmen Sie kein zusätzliches Salz, ohne vorher zu kosten.
10 Füllen Sie Ihre Salzstreuer mit anderen Gewürzen.
11 Probieren Sie Salate ohne Dressing – oder nur mit Zitrone oder Balsamico und Kräutern.
12 Braten Sie in beschichteten Pfannen mit kalorienarmem fettfreien Bratspray statt Butter oder Öl.
13 Wann immer Sie zwischen den Mahlzeiten Hunger bekommen, zögern Sie das Essen hinaus. Putzen Sie Ihre Zähne oder kauen Sie Kaugummi ohne Zucker. Warten Sie 20 Minuten und machen Sie ein paar Pressometrieübungen, räumen Sie Ihren Schreibtisch auf oder lesen Sie einen Zeitschriftenartikel. Sehr wahrscheinlich werden Sie dann gar keinen Hunger mehr haben – eine wissenschaftlich nachgewiesene Tatsache!
14 Wenn Sie nach der 20-Minuten-Verzögerung immer noch Hunger haben, trinken Sie ein großes Glas heißes oder kaltes Wasser (verfeinert mit Zitronen-, Limonen- oder Orangensaft) und warten Sie weitere 20 Minuten.
15 Wenn Sie immer noch Hunger haben, nehmen Sie einen der herrlichen Hunger-Helfer als Snack.
16 Wenn Sie wirklich Heißhunger auf eine bestimmte Speise haben, befolgen Sie zuerst die Anregungen 13 bis 15. Wenn Sie dann immer noch unbezwingliches Verlangen nach genau dieser Speise haben, genehmigen Sie sich ein paar kleine Häppchen. Werfen Sie den Rest weg, noch bevor Sie essen. Lassen Sie sich durch ein paar Minuten der Unterbrechung Ihres Essplanes nicht zur Völlerei verleiten.
17 Wenn Sie allein leben, werfen Sie auf der Stelle alle fetten Fertiggerichte weg, die Sie haben. Wenn Ihre Familie oder Ihr(e) Mitbewohner(in) unbedingt dick machende Speisen essen müssen, bewahren Sie diese alle an einem gesonderten Ort auf.
18 Gehen Sie nie Lebensmittel einkaufen, wenn Sie sich gerade hungrig fühlen.
19 Kaufen Sie vernünftig ein. Sie sollten die Lebensmittel, die Sie jetzt zu meiden gelernt haben, gar nicht erst kaufen. Es ist leichter, für kurze Zeit im Supermarkt einen starken Willen aufzubringen, als ständig zu Hause.
20 Treffen Sie sich mit Freunden an Orten, wo nicht gegessen wird. Gehen Sie im Park oder in der näheren Umgebung spazieren, machen Sie einen Schaufensterbummel oder besuchen Sie ein Museum, statt Treffen zum Frühstück, Mittagessen, Kaffee, Cocktail, Abendbrot oder Dessert zu vereinbaren.
21 Wenn Sie im Restaurant essen, geben Sie immer bei der Bestellung an, dass Soßen, saure Sahne, Butter, Margarine und Salatdressings extra serviert werden sollen, so dass Sie selbst die Kontrolle über jegliches zusätzliches Fett haben, das Sie essen.
22 Wenn Ihnen im Restaurant eine große Portion serviert wird, entscheiden Sie einfach sofort, nur

die Hälfte zu essen. Teilen Sie in Gedanken das Essen in diese halben Portionen, sobald der Teller vor Ihnen steht. (Sie können, wenn Sie möchten, die andere Hälfte immer mit nach Hause nehmen.)

23 Meiden Sie kalte Büffets! Wenn Sie wirklich hingehen müssen, nehmen Sie statt eines großen Tellers einen Salat- oder Dessertteller – oder noch besser eine Untertasse! (Die so genannte Untertassendiät besteht darin, zu jeder Mahlzeit nicht mehr zu essen, als bequem auf eine Untertasse passt!)

24 Gehen Sie nie hungrig aus, besonders nicht zum Mittag- oder Abendessen oder zum Cocktail!

25 Denken Sie daran, dass auch das „Essen" auf den Tellern Anderer Kalorien hat, ebenso wie Reste!

26 Essen Sie nur, was Sie mögen! Essen Sie nicht, nur um höflich zu sein. Es ist besser, diese unnötigen Kalorien wegzuwerfen, als sie auf Ihren Hüften abzulagern!

27 Halten Sie immer gesunde herrliche Hunger-Helfer für Appetits-Attacken in der Nähe bereit.

28 Wenn Sie zu den nervösen Knabberern gehören, kauen Sie Kaugummi ohne Zucker, statt Speisen zu mampfen.

29 Machen Sie es sich zum ehernen Gesetz, nie einen Nachschlag zu nehmen!

30 Putzen Sie Ihre Zähne! Ihre Mutter hat Ihnen beigebracht, vor dem Zubettgehen die Zähne zu putzen; ich schlage Ihnen nun vor, nach jeder Mahlzeit und nach jedem Snack ebenfalls die Zähne zu putzen. Wenn Sie ein ganz sauberes Gefühl im Mund haben, werden Sie nicht noch mehr essen wollen. Nehmen Sie immer Ihre Zahnbürste mit und probieren Sie all die tollen Geschmacksrichtungen vieler Zahnkrems aus, die man heute kaufen kann!

* Eine Anmerkung zum Putzen: Verwenden Sie eine weiche Zahnbürste, befeuchten Sie die Bürste mit warmem Wasser (was sie noch weicher macht) und putzen Sie an den Zähnen auf und ab (nicht quer). Putzen Sie auch Ihr Zahnfleisch und sogar die Zunge (besonders wenn schlechter Atem Ihnen Probleme bereitet).

Absolut verboten:

- Butter und butterhaltige Soßen
- alle in Öl gebratenen Speisen
- gesättigte Fette an Fleisch und Geflügel
- andere gesättigte Fette (gehaltvoller Käse, Schmalz)
- alle Milchprodukte (außer fettfreier Milch, fettarmem Jogurt, fettarmem Schafskäse, fettarmer Sahne oder Hüttenkäse)
- zusätzliches Salz
- zusätzlicher Zucker (einschließlich Honig)
- Nüsse und fettige Snacks
- Brot* (außer Vollkornbrot)
- weißer Reis**
- Fertigteigwaren***

* Vollkornbrot kann in begrenzten Mengen gegessen werden.
** Brauner Reis und Naturreis können in begrenzter Menge gegessen werden.
*** Vollkornnudeln können in begrenzter Menge gegessen werden.

Wenn Sie Heißhunger auf Zucker haben:

- Nehmen Sie einen künstlichen Süßstoff
- Essen Sie eine Portion Obst
- Trinken Sie ein Diätwasser
- Lutschen Sie eine zuckerfreie Süßigkeit
- Kauen Sie Kaugummi
- Bereiten Sie Popcorn an der Luft zu und süßen Sie mit künstlichem Süßstoff und Zimt
- Fügen Sie Milchreis Obst und Obstsaft oder künstlichen Zucker und Zimt zu
- Trinken Sie ein Glas Wasser mit einem Teelöffel Zitronensaft oder einem Teelöffel Apfelessig und künstlichem Süßstoff.
  (Dieses Getränk ist heiß oder kalt eine Erfrischung; mit Essig schmeckt es wie Apfelcider.)
- Putzen Sie Ihre Zähne mit einer toll schmeckenden Zahnpasta

Fröhliches Frühstück

Das Frühstück ist ein besonderes Erlebnis, etwas, für dessen Genuss es sich aufzuwachen lohnt! Das Frühstück kann die aufregendste und abwechslungsreichste Mahlzeit des Tages sein. Es kann so ausfüllend sein, dass Sie tatsächlich bis zum Mittag keinen Hunger verspüren. Vielleicht ziehen Sie wie ich ein „doppeltes" Frühstück vor: 120 ml ungesüßten Grapefruit- oder Orangensaft oder eine Portion einer Lieblingsfrucht gleich nach dem Aufwachen und die herzhaftere Portion ein wenig später. Gönnen Sie sich selbst etwas luxuriös Anderes. Leisten Sie sich zum Beispiel ein besonderes Tablett, so dass Sie Ihr Frühstück zu einem gemütlichen, stillen Plätzchen tragen können. Wenn Sie sich selbst nur ein paar Minuten Freude gönnen, dann wirkt dies als psychologische Starthilfe für den Tag, der in unserem technisierten Zeitalter schnell hektisch wird – egal ob Sie im Arbeitsverhältnis stehen oder mit den Kindern oder anderen Verpflichtungen zu Hause sind.

Machen Sie jede Mahlzeit zu einem Ereignis, einer verschwenderischen Erfahrung, sowohl ästhetisch als auch kulinarisch. Zu einem echten „Ereignis" beim Frühstück kann der Genuss Ihres Kaffes oder Tees werden. Probieren Sie verschiedene Mischungen aus; gönnen Sie sich und Ihrer Familie einen speziellen Kaffeebereiter oder eine wunderhübsche Teekanne. Sie müssen gar nicht teuer sein! Dieses Geschenk an sich selbst steht als Symbol für die Freude an Ihrer neuen gesunden Ernährungsweise, die zu einer grazilen Figur mit schlanken Schenkeln führen wird. Sie können so viel Kaffee oder Tee trinken, wie Sie wollen, wenn Sie dazu, falls gewünscht, fettarme Milch und künstlichen Süßstoff nehmen.

Der Hauptgang des GEWEFEZ-Frühstücks sollte einer der folgenden sein:

1 Vollkornreisbankett (Seite 31) ohne Beilage oder garniert mit:
1 Portion einer Lieblingsfrucht
oder 1–2 Portionen Gemüsesalat (Seite 22)
oder einem Supersalat (Seite 40)

2 Frisches Beerenmuffin (Seite 31) ohne Beilage oder mit:
einem Supersalat
oder 1 leichten Rosinen-Kleie-Muffin (Seite 32)
oder 1–2 Portionen Gemüsesalat
oder 1 Scheibe getoastetem Tsoureki (Seite 33)
oder 1–2 Scheiben kalorienarmem Vollkornbrot, getoastet

3 Leichtes Gourmetomelett (Seite 34) nach Ihrer Wahl

4 Französischer Schlankheitstoast (Seite 33)

5 Etwa 120 g ungesüßtes Getreide, am besten geschroteter oder Puffweizen, Reis- oder Kleieflocken mit 120 ml entrahmter Milch

6 Ein Supersalat Ihrer Wahl

7 1–3 Portionen Ihres liebsten Gemüsesalats

Frische Beerenmuffins

Je Muffin: 92 kcal • 3 g Protein • 2 g Fett • 18 g Kohlehydrate

Zutaten für 12 Stück

225 g Mehl
2 Tl. Backpulver
½ Tl. Salz
1 Ei und 2 Eiweiß
1¾ Tl. künstlicher Süßstoff
1 El. Ahornsirup
1 El. Pflanzenöl
120 ml Magermilch
225 g Preiselbeeren oder Blaubeeren

1 Mehl, Backpulver und Salz in eine Schüssel sieben.

2 Ei und Eiweiß in einer zweiten Schüssel schlagen. Süßstoff, Ahornsirup und Pflanzenöl dazugeben und verrühren.

3 Dem gesiebten Mehl abwechselnd die Milch und die Eimischung hinzufügen und die Masse nach jeder Zugabe glatt rühren.

4 Die Beeren waschen und abtropfen lassen. Davon 50 g zerdrücken und unter den Teig rühren.

5 Einen Esslöffel Mehl unter die übrigen Beeren mischen, so dass jede Beere mit Mehl überzogen ist. (Das verhindert, dass die Beeren auf den Boden des Teiges rutschen.) Die Beeren vorsichtig in den Teig einrühren.

6 Den Teig mit einem Löffel in ein tiefes beschichtetes Muffinblech oder in Papierförmchen geben und jede Form etwa zu zwei Dritteln füllen.

7 Im vorgeheizten Herd bei 190°C (Gas: Stufe 3) 30 Minuten backen. (Hinweis: Diese Muffins schmecken warm am besten. Ohne Beilage oder mit kalorienarmer Marmelade servieren; keine Butter oder Margarine dazu nehmen.)

Vollkornreisbankett

Je Portion: 145 kcal • 3 g Protein • 0 g Fett • 35 g Kohlehydrate

Für 8 Personen

300 g brauner Basmatireis
50 g Wildreis
850 ml Gemüsebrühe (nach dem Kochen abgenommenes Gemüsewasser)

1 Kochen Sie den Reis langsam in der köchelnden Gemüsebrühe 40 – 45 Minuten gar.

2 Den Reis für ein schnelles herzhaftes Frühstück im Kühlschrank aufbewahren.

3 50 – 75 g abnehmen und in der Mikrowelle 40 Sekunden erhitzen.

4 Ohne Beilage essen oder mit 1 Portion Ihrer Lieblings-Ballaststschlemmer-Frucht garnieren (Seite 23)
oder 1 – 2 Portionen Gemüsesalat (Seite 22)
oder einem Supersalat (Seite 40)
oder kalorienarmem Zimtzucker (Seite 33)
oder kalorienarmer Marmelade Ihrer Wahl

Leichte Rosinen-Kleie-Muffins

Je Muffin: 130 kcal • 4 g Protein • 3 g Fett • 20 g Kohlehydrate

Zutaten für 6 Stück

1 El. Pflanzenöl
1 El. weicher dunkelbrauner Zucker
1 El. Ahornsirup
1¾ Tl. künstlicher Süßstoff
1 Ei und 1 Eiweiß, geschlagen
120 ml Magermilch
120 g Mehl-Backpulver-Mischung
1 Tl. Backpulver
½ Tl. Natriumbikarbonat
½ Tl. Salz
2 El. Kleie
75 g Rosinen

1 Geben Sie Öl, Zucker, Sirup, künstlichen Süßstoff, geschlagene Eier und Milch zusammen in eine große Schüssel. Verrühren Sie alles gründlich.

2 Mehl, Backpulver, Natriumbikarbonat und Salz dazusieben. Sehr vorsichtig umrühren, bis die Zutaten gerade so vermischt sind.

3 Kleie und Rosinen einstreuen und gut vermischen.

4 Den Teig mit einem Löffel in ein tiefes beschichtetes Muffinblech oder in Papierförmchen geben und jede Form etwa zu zwei Dritteln füllen.

5 Im vorgeheizten Herd bei 190°C (Gas: Stufe 3) 15 Minuten backen, bis der Teig gut aufgegangen ist und sich fest anfühlt.
(Hinweis: Diese Muffins schmecken warm am besten. Ohne Beilage oder mit kalorienarmer Marmelade servieren; keine Butter oder Margarine dazu nehmen.)

Tsoureki (Griechisches Osterbrot)

Je Scheibe: 124 kcal • 4 g Protein • 2 g Fett • 31 g Kohlehydrate

Zutaten für zwei Laibe mit je 14 Scheiben

40 g ungesalzene Diätmargarine
225 ml Magermilch
175 ml Wasser
800 g Mehl
5 El. Zucker
2 El. Trockenhefe
1 Tl. Salz
2 Eier
1 Eiweiß

1 Erhitzen Sie Margarine, Milch und Wasser in einer Kasserolle.

2 Mischen Sie im Mixer 700 g Mehl mit Zucker, Hefe und Salz. Geben Sie langsam die Margarinemischung hinzu.

3 Eier und Eiweiß zur Mischung geben. Den Mixer mit geringer Geschwindigkeit etwa 10 Minuten laufen lassen, bis alles vollständig vermischt ist.

4 Langsam das übrige Mehl dazugeben, immer nur ein wenig, damit der Teig nicht klebt.

5 Den Teig in eine große Schüssel geben, die nicht haftet oder mit Bratspray aus Pflanzenöl präpariert wurde. Mit einem Tuch abdecken und zum Gehen an einen warmen Platz stellen. Gehen lassen, bis der Teig die doppelte Größe hat (etwa 45 Minuten bis 1 Stunde).

6 Den Teig aus der Schüssel nehmen und auf ein mit Mehl bestäubtes Brett legen. In zwei Hälften schneiden, kneten und dann beide Hälften zu 23 cm langen, dicken Rollen formen. Jede Hälfte in eine Kastenform geben.

7 Den Teig abdecken und weitere 30 – 45 Minuten gehen lassen. Er sollte über den Rand der Form hinaus aufgehen.

8 Das Brot im vorgeheizten Herd bei 180°C (Gas: Stufe 3) 30 Minuten backen.

Zimtstrudel

Je Scheibe: 147 kcal • 4 g Protein • 2 g Fett • 31 g Kohlehydrate

Ergibt zwei Laibe mit je 14 Scheiben

Befolgen Sie das Rezept für Tsoureki, aber rollen Sie den Teig flach aus und pinseln Sie mit einem Backpinsel ein wenig Margarine darauf, bevor Sie ihn zum zweiten Mal gehen lassen. Mischen Sie 5½ Tl. künstlichen Süßstoff und 3 Tl. Zimt und bestreuen Sie den Teig damit. Rollen Sie dann den Teig von einem Ende her zylinderförmig zusammen. Geben Sie den Teig mit dem Rand nach unten in eine Kastenform. Weitere 45 Minuten gehen lassen wie oben beschrieben, dann im vorgeheizten Herd bei 180°C (Gas: Stufe 3) 30 Minuten backen.

Französischer Schlankheitstoast

Je Scheibe: 124 kcal • 4 g Protein • 2 g Fett • 31 g Kohlehydrate

Für 1 Person

2 Eiweiß
1 Tl. Magermilch
¼ Tl. Vanillearoma
1 Scheibe kalorienarmes Vollkornbrot

1 In einer flachen Suppenschüssel die Eiweiß mit einer Gabel schlagen.

2 Milch und Vanille dazugeben. Nochmals schlagen.

3 Eine Brotscheibe für mindestens 2 Minuten je Seite in der Mischung einweichen, bis die gesamte Eimischung aufgesogen ist.

4 In einer nicht haftenden Bratpfanne braten; wenden, sobald die Ränder der ersten Seite braun werden.

(Hinweis: Mit kalorienarmem Ahornsirup, kalorienarmen Marmeladen oder mit kalorienarmem Zimtzucker servieren, siehe unten)

Kalorienarmer Zimtzucker

Mischen Sie ¼ Teelöffel künstlichen Süßstoff mit ¼ Teelöffel Zimt. Gut vermischen und den Französischen Schlankheitstoast damit bestreuen.

Leichtes Gourmetomelett

Je Portion: 32 kcal • 6 g Protein • 0 g Fett • 1 g Kohlehydrate

Für 3 Personen

6 Eiweiß
1 El. Magermilch oder Wasser
1 El. gehackte Petersilie
Pfeffer
gehacktes oder geraspeltes Gemüse für die Füllung
frische Petersilie zum Garnieren

1 Die Eiweiß mit Milch oder Wasser schlagen. (Eiweiß lässt sich am besten bei Zimmertemperatur schlagen.)

2 Das geschlagene Ei mit Petersilie und Pfeffer würzen.

3 In eine heiße beschichtete Pfanne geben. Bei schwacher Hitze braten und wenden, damit die weiche Oberseite gebraten wird. Weiter erhitzen, bis die Seiten fast trocken sind.

4 In einer beschichteten Kasserole eine von Ihnen zusammengestellte Mischung aus gehacktem oder geraspeltem Gemüse leicht anbraten; besonders wohlschmeckend sind Tomate, rote oder grüne Paprika, Spinat, Pilze, Zwiebeln und Zucchini (siehe unten).

5 Das Gemüse entlang einer gedachten Mittellinie auf das Omelett geben und die beiden Seiten darüber schlagen. Das Omelett umdrehen und erhitzen, bis es leicht braun wird. Mit Petersilie garnieren.

Alternative Omelettfüllungen

1 Ein Omelett wie oben zubereiten.

2 Eine der unten stehenden Füllungen auswählen und nach Anleitung zubereiten.

3 Die Füllung entlang einer gedachten Mittellinie auf das Omelett geben und die beiden Seiten darüber schlagen. Das Omelett umdrehen und erhitzen, bis es leicht braun wird. Mit Petersilie garnieren.

Omelett El Paso

Je Portion: 29 kcal • 6 g Protein • 0 g Fett • 1 g Kohlehydrate

Für 3 Personen

1 × 20 cm Zucchini, geraspelt
2 El. Hühnerbrühe
1 Knoblauchzehe, zerdrückt
1 Frühlingszwiebel, fein gehackt
Prise Oregano
Prise Pfeffer
frische Petersilie zum Garnieren

1 Zucchini in einer Kasserolle mit Hühnerbrühe, Knoblauch und Zwiebel dämpfen.

2 Auf das Omelett geben und garnieren.

Tomaten-Basilikum-Omelett

Je Portion: 40 kcal • 7 g Protein • 0 g Fett • 3 g Kohlehydrate

Für 3 Personen

3 große Tomaten, gehäutet
1 Frühlingszwiebel, gehackt
1 Tl. getrocknetes Basilikum
1 Tl. fein gehacktes frisches Basilikum
½ Knoblauchzehe, fein gehackt
Prise Pfeffer
frische Petersilie zum Garnieren

1 Tomaten achteln.

2 Gewürze hinzugeben. Über schwacher Hitze rühren, bis die Tomaten weich sind. Auf das Omelett geben und garnieren.

Leichte Apfel-Blaubeer-Eierkuchen

Je Eierkuchen: 100 kcal • 3 g Protein • 0 g Fett • 23 g Kohlehydrate

Für 10 Personen (große Eierkuchen)

225 g Weizenvollkornmehl
½ Tl. Backnatron
500 ml Magerilch
225 ml Apfelmus, ungesüßt
½ Tl. Zimt
120 g Blaubeeren

1 Mehl und Backnatron mischen. Die Milch langsam zugeben und alles glatt rühren.

2 Apfelmus und Zimt darunter mischen.

3 Blaubeeren hinzufügen. Durch Rühren gleichmäßig verteilen.

4 In einer beschichteten Pfanne ohne Öl braten, bis die Ränder trocken sind. Umdrehen und goldgelb braten.

Tolle leichte Mittagsgerichte

Das Mittagessen kann die kreativste Mahlzeit des Tages sein. Es gibt so viele Möglichkeiten! Ein Salat erfrischt und füllt; eine Suppe dazu ergibt eine gehaltvollere Mahlzeit. Außerdem kann jede der auf den Seiten 47–50 beschriebenen Vorspeisen ein anspruchsvolles Mittagessen sein. Sie können die Reihenfolge von Suppen, Salaten, Sandwiches, Vorspeisen oder speziellen Gemüsegerichten variieren und die Speisen aufeinander abstimmen. Mit dem GEWEFEZ-Plan dürfen Sie zu einer Portion Huhn oder Fisch oder zu 120 g Reis oder 50 g Pasta oder zu einer Süß- oder Backkartoffel so viel Blattsalat oder Rohkost essen, wie Sie mögen. Mit diesen leichten Mittagsgerichten können Sie Ihr Gewicht und Ihre Silhouette wirklich unter Kontrolle behalten!

Am besten sollte man mittags warm und abends ein einfaches Abendbrot essen. Leider erlauben unser Zeitplan und unsere gesellschaftlichen und geschäftlichen Verpflichtungen dies nicht immer. Falls Sie im Laufe des Tages eine große Mahlzeit essen, achten Sie darauf, abends kleinere Portionen und leichtere Nahrung zu wählen.

Besondere Sandwiches

Je Sandwich mit einem kleinen Fladenbrot (Pitta): 228 kcal • 11 g Protein • 1 g Fett • 47 g Kohlehydrate

Pittabrot	*Tomate*
hart gekochte gehackte Eiweiß	*Kohlrabi*
Sellerie	*Wasserkresse*
Gurke	*Koriander*
Dillgurken	*Zucchini*
grüne, rote oder gelbe Paprika	*andere Gemüse mit*
Palmenherzen	*Ballaststoffen*
Grüner Salat	*frische Petersilie und Koriander*
Rot- oder Grünkohl	*zum Garnieren*

1 Füllen Sie jedes Fladenbrot großzügig mit einer Auswahl geraspelter Gemüse, die Sie leicht mit Supersalat-Dressing (Seiten 44–46) oder einem Party-Dipp (Seiten 63–65) anfeuchten.

2 Arrangieren Sie alles dekorativ, indem Sie die Farben wechseln und mit Stängeln von Petersilie oder Koriander garnieren. Servieren Sie die Sandwichs mit Suppe, Salat oder einem Gemüsegericht zum Mittag- oder Abendessen, oder einfach so zum Kaffee, und mit Rohkost zu Cocktailpartys.

Suppen für Hungrige

Gemüsewundersuppe

Je Portion: 124 kcal • 4 g Protein • 1 g Fett • 25 g Kohlehydrate

Für 8 Personen

6 große Zwiebeln
2×400 g-Dosen gehäutete Tomaten
1 großer Weißkohl
2 Paprika
2 Päckchen Zwiebelsuppe
1 Stange Sellerie
4 Möhren, gewürfelt
Pfeffer
1 getrocknetes Lorbeerblatt

1 Alle Gemüse klein hacken.

2 Alle Zutaten in einen großen Topf geben und so viel Wasser hinzugeben, dass alles bedeckt ist. Zum Kochen bringen und eine Stunde köcheln lassen.

3 Bis zu einer Woche aufbewahren.

(Hinweis: Diese Suppe kann Vorspeise, Snack oder volle Mahlzeit sein! Wenn Sie wirklich schnell abnehmen wollen, essen Sie diese Suppe eine Woche lang täglich mittags und abends. Ihr Hunger wird immer gestillt und Ihre Belohnung wird ein viel strafferer Körper sein.)

Pennsylvania-Pilzsuppe

Je Portion: 43 kcal • 3 g Protein • 0 g Fett • 4 g Kohlehydrate

Für 6 Personen

1 kleine Zwiebel, fein gehackt
450 g Pilze, fein gehackt
1 Liter Hühnerbrühe
2 El. Mehl
Prise Salz und frisch gemahlener schwarzer Pfeffer
Prise geriebener Muskat
1 getrocknetes Lorbeerblatt
frische Petersilie

1 Geben Sie Zwiebeln und Pilze zu zwei Esslöffeln Hühnerbrühe. Zugedeckt 5 Minuten über mittlerer Hitze vorsichtig kochen.

2 Das Mehl einrühren und noch 2 Minuten weiterkochen, dabei ständig rühren.

3 Nach und nach die übrige Hühnerbrühe hinzufügen und unter Rühren zum Kochen bringen. Salz, Pfeffer, Muskat und Lorbeerblatt dazugeben.

4 Die Hitze reduzieren, halb zudecken und 20 Minuten leicht köcheln lassen.
Vor dem Servieren das Lorbeerblatt herausnehmen. Jede Schüssel Suppe mit einem Stängel Petersilie garnieren.

Brokkolisuppe „Grüner Traum“

Je Portion: 24 kcal • 2 g Protein • 0 g Fett • 4 g Kohlehydrate

Für 5 Personen

1 Zwiebel, in Ringe geschnitten
1 Möhre, in Scheiben geschnitten
1 kleine Stange Sellerie mit Blättern, in Scheiben geschnitten
1 Knoblauchzehe
120 ml Wasser
120 g Brokkoli, gekocht und grob gehackt
1 Tl. Salz
Prise Cayenne
25 g gekochte Makkaroni
225 ml Hühnerbrühe
5 kleine Brokkoliröschen, gedämpft, zum Garnieren

1 Das Wasser zum Kochen bringen, Hitze reduzieren und Zwiebel, Möhre, Sellerie und Knoblauch dazugeben. Zugedeckt 10 Minuten köcheln lassen.

2 In einen Mixer geben. Brokkoli, Salz, Cayenne und Makkaroni dazugeben. Abdecken und mit hoher Stufe mixen. Bei laufendem Motor Hühnerbrühe dazugeben und mixen, bis die Suppe kremig ist.

3 Kalt stellen und servieren. Jede Schüssel mit einem Brokkoliröschen garnieren.

Tomaten-basilique

Je Portion: 70 kcal • 5 g Protein • 1 g Fett • 12 g Kohlehydrate

Für 4 Personen

1 × 400 g-Dose ganze italienische Tomaten, nicht abgetropft
50 gehackte Zwiebel
1 El. getrocknetes Basilikum oder
1 Tl. feingehacktes frisches Basilikum
1 Knoblauchzehe
¼ Tl. Salz
½ Tl. weißer Pfeffer
½ Tl. fettarme Margarine
1 El. und 1½ Tl. Mehl
350 ml Magermilch
Zum Garnieren:
50 g Tomaten, gehäutet und gehackt
4 kleine Blätter frisches Basilikum

1 Tomaten aus der Dose, Zwiebel, Basilikum, Knoblauch, Salz und Pfeffer in einen mittelgroßen Topf geben und zum Kochen bringen. Zudecken, Hitze reduzieren und 10 Minuten köcheln lassen.

2 Die Mischung in einen Mixer geben und zu einer glatten Masse verarbeiten.

3 Die Margarine in einem kleinen Topf über schwacher Hitze schmelzen. Das Mehl dazugeben und alles glatt rühren. Unter ständigem Rühren 1 Minute kochen.

4 Nach und nach die Milch dazugeben. Auf schwacher Hitze unter ständigem Rühren kochen, bis die Masse dick wird und sich Blasen bilden.

5 Die Milchmasse zur Tomatenmasse geben, rühren. Mehrere Minuten erhitzen und rühren, bis alles dick wird.

6 Jeden Suppenteller mit den gehackten Tomaten und frischem Basilikum garnieren.

„Gurkenkühler“

Je Portion: 26 kcal • 1 g Protein • 0 g Fett • 5 g Kohlehydrate

Für 6 Personen

3 Gurken, geschält und entkernt
700 ml Hühnerbrühe
1 Porreestange (nur der weiße Teil)
1 getrocknetes Lorbeerblatt, zerkrümelt
1 El. Mehl
1 El. Zitronensaft
4 Tl. frischer Dill oder Minze, gehackt
frisch gemahlener schwarzer Pfeffer

1 In einem Topf 2 Gurken in 50 ml Hühnerbrühe mit Porree und Lorbeer 20 Minuten leicht sautieren bzw. so lange bis die Gurke weich, aber nicht gebräunt ist.

2 Das Mehl einrühren.

3 Die übrige Hühnerbrühe dazugeben und 30 Minuten köcheln lassen.

4 Die Mischung durch einen Fleischwolf oder in einen Mixer geben (nur eine Hälfte auf einmal); durch ein feines Sieb streichen. Kalt stellen.

5 Eine geraspelte Gurke mit Dill oder Minze in die Mischung einrühren. Nach Geschmack Pfeffer dazugeben.

6 Mindestens 2 Stunden kalt stellen. Kalt in vorgekühlten Tassen servieren oder aufwärmen und heiß servieren.

Rotkohl-Apfel-Suppe

Je Portion: 37 kcal • 2 g Protein • 0 g Fett • 8 g Kohlehydrate

Für 8 Personen

1 Stange Porree, gehackt
1 Knoblauchzehe, zerdrückt
1 Liter Wasser
340 g Rotkohl, grob geraspelt
120 ml Tomatensaft
1 Tl. Worcestersoße
1 Apfel, gehackt
1 Kartoffel, gehackt
1 großer Würfel Hühnerbrühe, zerkrümelt
1 El. gehackter frischer Schnittlauch zum Garnieren

1 In einem beschichteten Topf Porree und Knoblauch in 50 ml Wasser bei mittlerer Hitze 10 Minuten kochen (oder 5 Minuten in der Mikrowelle bei HOCH) bzw. so lange bis der Porree gar ist.

2 Kohl, Tomatensaft, Worcestersoße, Apfel, Kartoffel, restliches Wasser und Brühwürfel dazugeben. Zum Kochen bringen, dann Hitze reduzieren, abdecken und 30 Minuten köcheln lassen (oder 15 Minuten bei HOCH in die Mikrowelle stellen) bzw. so lange bis die Kartoffel gar ist.

3 Die Mischung nach und nach glatt mixen. Vorsichtig aufwärmen, aber nicht kochen. Mit Schnittlauch garnieren.

Die Große Kaltschale

Je Portion: 34 kcal • 1 g Protein • 1 g Fett • 5 g Kohlehydrate

Für 6 Personen

1 große Zwiebel, vorzugsweise eine rote spanische Zwiebel
2 Knoblauchzehen, fein zerdrückt
5 große, reife Tomaten, gehäutet und gewürfelt
20 g frisch gehackte Petersilie
1 große grüne Paprika, entkernt (optional)
2 geschälte Gurken (optional)
120 g Sellerie, gewürfelt (optional)
¼ Tl. Paprika
2 El. Essig
2 El. Olivenöl
225 ml leichte, salzarme Hühnerkraftbrühe
2 Tropfen Tabascosoße (optional)

1 Zwiebel und Knoblauch zusammen in einem Mixer zu Brei schlagen.

2 Tomaten und Paprika, Gurke und Sellerie würfeln.

3 Die übrigen Zutaten für 2 Minuten zusammen mit Zwiebel und Knoblauch im Mixer mischen. Falls gewünscht, mit Tabasco abschmecken.

4 Mindestens 4 Stunden kühlen.

5 In vorgekühlten Gefäßen servieren. Die fein gehackten Gemüse (grüne Paprika, Gurken, Sellerie, gehäutete Tomaten, Pimiento) zusammen mit getoasteten kalorienarmen Brotwürfeln zum Einstreuen dazu reichen.

Große-Augen-Suppe

Je Portion: 65 kcal • 4 g Protein • 2 g Fett • 9 g Kohlehydrate

Für 6 Personen

600 g frischer Spinat
15 g fettarme Margarine
1 Zwiebel, gehackt
600 ml Hühnerbrühe
2 El. Mehl
Prise Salz
frisch gemahlener schwarzer Pfeffer
frisch geriebene Muskatnuss (optional)
Magerjogurt
6 Zitronenscheiben

1 Den Spinat gründlich waschen. Nicht abtropfen lassen, sondern gleich in einen Topf geben. (Das Wasser aus dem gewaschenen Spinat reicht aus, um ihn zu kochen.) Über mittlerer Hitze 4 Minuten rühren und mehrfach wenden, bis der Spinat weich ist. Margarine hinzufügen.

2 Den gekochten Spinat in einen Mixer umfüllen und langsam glatt pürieren.

3 In einem anderen Topf die Zwiebel in ein paar Esslöffeln Brühe garen, nicht braun werden lassen. Das Mehl dazugeben und 3 Minuten kochen.

4 Den Spinat zur Zwiebel dazumischen. Zum Kochen bringen, Hitze zurücknehmen und 5 Minuten köcheln lassen. Abkühlen lassen.

5 Mischung in den Mixer füllen und glatt pürieren.

6 Die Mischung in den Topf füllen und ausreichend Brühe hinzugeben, um die gewünschte Konsistenz zu erreichen. Mit Salz und Pfeffer abschmecken.

7 Zum Servieren vorsichtig aufwärmen, aber nicht kochen. Jeden Teller nach Belieben mit Muskat, einem Schuss fettarmem Jogurt und einer Zitronenscheibe garnieren.

Köstliche Wasserkresse

Je Portion: 83 kcal • 5 g Protein • 1 g Fett • 16 g Kohlehydrate

Für 4 Personen

1 kleine Zwiebel, fein gehackt
2 Bund Wasserkresse, fein gehackt
225 g Kartoffeln, geschält und gewürfelt (½ bis 1 Kartoffel)
340 ml Hühnerbrühe
340 ml Magermilch
Prise Salz und frisch gemahlener schwarzer Pfeffer
ein paar Wasserkresseblättchen zum Garnieren

1 Das Gemüse mit 3 Tl. Hühnerbrühe in einen Topf geben. Zudecken und 5 Minuten kochen.

2 Milch und restliche Hühnerbrühe einrühren und zum Kochen bringen. Hitze zurücknehmen, halb zudecken und 30 Minuten bei gelegentlichem Umrühren leicht köcheln lassen. Abschmecken.

3 Die Suppe in einen Mixer gießen und pürieren. Die Suppe wieder in den ausgespülten Topf geben und aufwärmen.

4 Jeden Suppenteller mit ein paar Blättchen Wasserkresse garnieren.

Supersalate

Salate sind die wichtigste Kost, wenn man einen cellulitefreien Körper anstrebt und erhalten will. Sie sind kalorien- und fettarm, haben einen hohen Gehalt an Ballaststoffen, sind reich an Vitaminen und Mineralstoffen und daher sehr gesund. Und sie weisen von allen Speisen die größte Vielfalt auf: Salate können anspruchsvolle Vorspeisen sein, Beilagen, Snacks, oder vollständige Mahlzeiten für Mittag- oder Abendessen. Sie können es genießen, ordentlich zu kauen, und Sie dürfen auch ordentlich zulangen – so viel Sie wollen!

Salate sind eine wunderbare Welt für sich. Es gibt für jeden Geschmack etwas und Salate können Aufsehen erregende Gerichte sein, die einen starken Eindruck machen, wenn sie aufgetragen werden. Betören Sie Ihre Familie und beeindrucken Sie Ihre Gäste! Mit Salaten muss die Erhaltung von Gesundheit und Schlankheit nicht langweilig sein. Die Vielfalt der Salate hat keine Grenzen außer Ihrer Fantasie. Und auch für den Geldbeutel sind Salate günstig.

Salate lassen sich leicht zubereiten. Sie können immer gewaschenen Kopfsalat, Spinat und Schikoree mit feuchtem Küchenpapier bedeckt im Kühlschrank aufbewahren. Rohgemüse können Sie schneiden und in einem Gefäß mit etwas Wasser in den Kühlschrank stellen, damit es frisch und knackig bleibt. Sie können größere Mengen Dressing zubereiten und diese bis zu zwei Monate lang einfrieren.

Der Trick bei der Zubereitung eines zufrieden stellenden Salats ist, viel frisches Gemüse mit Ballaststoffen als Zutat zu mischen und nur ein wenig Dressing dazu zugeben, damit der Geschmack verstärkt und der Salat schmackhaft wird und sättigt. Wechselt man täglich das Dressing und die Gemüse- und Obstzutaten, dann ist jeder Salat ein neuer aufregender Genuss!

Schikoreesalat

Je Portion: 18 kcal • 0,5 g Protein • 2 g Fett • 0,5 Kohlehydrate

Für 4 Personen

Etwa zwei Schikoreeköpfe waschen und in mundgerechte Streifen schneiden. Mit einem Bund gehackten Wasserkresseblättern vermischen. Einen Esslöffel ölfreie Vinaigrette (Seite 44) dazugeben. Die Portionen direkt auf Salatteller geben, als ersten Gang oder als Salatbeilage.

Spinatsalat

Je Portion: 30 kcal • 5 g Protein • 3 g Kohlehydra

Für 4 Personen

450 g Spinat, frisch gewaschen
120 g Schikoree, frisch gehackt
120 g geschnittene Pilze
2 hart gekochte Eigelb, gewürfelt
4 hart gekochte Eiweiß, gewürfelt
½ rote oder gelbe Paprika, in dünne Streifen geschnitten

1 Vom Spinat die Strünke entfernen und den Spinat in bissfertige Stücke rupfen.

2 Schikoree, Pilze, Eier und Paprikastreifen mischen und zum Spinat schütten.

3 Salatdressing dazugeben und wenden.

(Hinweis: Besonders gut schmeckt das Dressing, wenn es vorher erwärmt wird.)

Salat über den kreativen Horizont

Je Portion: 100 kcal • 9 g Protein • 2 g Fett • 12 g Kohlehydrate

Zum Kopfsalat eine beliebige Mischung aus folgenden Zutaten geben:

gehackte rote Zwiebeln und/oder Frühlingszwiebeln
in Streifen geschnittene grüne, rote oder gelbe Paprika
geraspelte Zucchini
geschnittene Pilze
gewürfelter Sellerie
Koriander
Tomatenschiffchen
Palmenherzen
Artischocken aus der Dose
kleine Stückchen Pute oder Huhn
kleine Würfel Ziegenkäse
Eiweiße
Rosinen
Trauben
Orangenscheiben
Ananas
Apfelwürfel (vorher in Zitronensaft gelegt)

Es gibt viele schmackhafte Kopfsalatvarianten wie Eisbergsalat, Römischen Salat, Lollo Rosso, Butterkopfsalat und Senfkohl und auch Blattgemüse wie Schikoree, Spinat und Kohl. Wählen Sie Ihre bevorzugte Sorte oder mischen Sie zwei oder drei Arten zu einem tollen grünen Salat.

Wenden Sie den Salat in Salatdressing. Garnieren Sie ihn mit Tomaten, Zwiebelringen, gelben, roten oder grünen Paprika, Sellerie, Artischocken aus der Dose und/oder Apfelwürfeln, Koriander, Petersilie, Orangenscheiben, Trauben oder Ananasstücken.

Bohnentrio

Je Portion: 45 kcal • 4 g Protein • 0 g Fett • 5 g Kohlehydrate

Für 4 Personen

Mischen Sie je 175 g leicht gedünstete grüne Bohnen, gelbe Stangenbohnen und Saubohnen, eine geschnittene rohe rote Zwiebel und Petersilie nach Belieben. Geben Sie 1 Esslöffel ölfreie Vinaigrette (Seite 44) hinzu. Eine Stunde durchziehen lassen.

(Hinweis: Dieser Salat hat viele Kohlehydrate, sollte also möglichst nicht zu einer Proteinmahlzeit gegessen werden.)

Kaltschale in Aspik

Je Portion: 38 kcal • 2 g Protein • 1 g Fett • 4 g Kohlehydrate

Für 6 Personen

Dies ist eine Variante der großen Kaltschale (Seite 38). Weichen Sie 2 Esslöffel Gelatine ohne Geschmack in Wasser mit Zimmertemperatur ein und lösen Sie sie dann auf, indem Sie sie vorsichtig in der Hühnerbrühe erhitzen. Nicht aufkochen. Die Brühe etwas abkühlen lassen, bevor Sie die anderen Zutaten hinzugeben. Mindestens 5 Stunden in Formen oder Tassen kühl stellen. Stürzen und auf Salatblättern servieren. Mehrere Schüsseln mit gehacktem Gemüse dazu reichen.

Blumenkohl Italiano

Je Portion: 18 kcal • 1 g Protein • 0 g Fett • 2,4 g Kohlehydrate

Für 8 Personen

200 g Blumenkohlröschen, dünn geschnitten
25 g rote Paprika, gehackt
25 g Sellerie, geschnitten
1 El. gehackte Frühlingszwiebeln
50 ml einfacher Magerjogurt
3 El. kalorienarmes italienisches Salatdressing
8 rote Kopfsalatblätter

1 Blumenkohl, rote Paprika, Sellerie und Frühlingszwiebel zusammen in eine Schüssel geben.

2 Jogurt und Salatdressing zusammenrühren. Über den Salat gießen und den Salat wenden.

3 Für einzelne Portionen die Mischung gleichmäßig mit dem Löffel auf Salatblätter verteilen.

Thunfisch-Waldorfsalat

Je Portion: 48 kcal • 8 g Protein • 0 g Fett • 4 g Kohlehydrate

Für 5 Personen

1 grüner oder roter Apfel, ungeschält
1 El. Zitronensaft
150 g Thunfisch aus der Dose, abgetropft und in kleinen Stücken
1 El. gehackte saure Gurke
1 El. zerkleinerten Gemüsepaprika
20 g roher Chinakohl oder 50 g Gurke, gehackt
85 g Sellerie, fein gehackt
Kopfsalat zum Servieren
Zum Garnieren:
grüne Bohnen, gekocht und gehackt
Sellerie, gewürfelt
Radieschen, gewürfelt
Gemüsepaprika und/oder Tomate

1 Den Apfel vom Kernhaus befreien, jedoch nicht schälen; raspeln und mit Zitronensaft beträufeln.

2 Mit den übrigen Zutaten vermischen und kalt stellen.

3 Auf Salatblättern servieren.

4 Mit gekochten und gehackten grünen Bohnen, gewürfeltem rohem Sellerie, gewürfelten Radieschen, Gemüsepaprika und/oder Tomate garnieren.

Key-West-Krabbensalat

Je Portion: 145 kcal • 26 g Protein • 4 g Fett • 9 g Kohlehydrate

Für 4 Personen

450 g Krabbenfleisch
125 g Sellerieherz, fein gehackt
40 g Frühlingszwiebeln, fein gehackt
20 g frische Petersilie, fein gehackt
Nancys Vinaigrette Citron (Seite 44)
Kopfsalat zum Servieren

Zum Garnieren:
4 große frische Tomaten mit mindestens 7,5 cm Durchmesser. Fleischtomaten sind am besten, da sie auch die wenigsten Samen haben.
16 Stück Artischocken aus der Dose

1 Das Krabbenfleisch waschen und abtropfen lassen.

2 Sellerieherz, Frühlingszwiebeln und frische Petersilie in einer Schüssel mit dem Krabbenfleisch mischen. Kalt stellen.

3 Dazu 4 Esslöffel von Nancys Vinaigrette Citron geben und gut durchmischen.

4 Auf Salat servieren, mit Tomaten und Artischockenstücken garnieren und mit Nancys Vinaigrette Citron besprenkeln.

Cumberlandsalat

Je Portion: 153 kcal • 4 g Protein • 4 g Fett • 26 g Kohlehydrate

Für 4 Personen

125 g Perlgraupen
350 ml Brühe oder Wasser
125 g Brokkoliröschen, leicht gekocht
1 Stange Sellerie, fein gehackt
1 kleine Möhre, geraspelt
4 El. Balsamico oder Sherry-Weinessig
1 El. Olivenöl
2 El. Pommeraysenf oder Kräutersenf
2 El. gehacktes frisches Basilikum
Prise Salz und frisch gemahlener schwarzer Pfeffer
Kopfsalat zum Servieren
frisches Basilikum zum Garnieren

1 Die Perlgraupen mit Brühe oder Wasser in einen Topf geben und zum Kochen bringen. Auf mittlere Hitze reduzieren und 45 Minuten kochen bzw. so lange bis die Graupen gerade weich werden. Unter kaltem Wasser abspülen und abtropfen lassen.

2 Die Graupen mit dem Gemüse vermischen.

3 In einer Schüssel Essig, Olivenöl, Senf, Basilikum sowie Salz und Pfeffer mischen. Zu Graupen und Gemüse geben.

4 Den Salat vor dem Servieren zum Durchziehen 20 Minuten stehen lassen. Auf Salatblättern servieren und mit frischem Basilikum garnieren.

(Hinweis: Dies ist ein herzhafter, sättigender Salat mit einem hohem Gehalt an Kohlehydraten. Er sollte nach Möglichkeit nicht zu einem Proteingericht gegessen werden.)

Hübsch Servieren

Vinaigrette ohne Öl

Je Esslöffel: 7 kcal • 0 g Fett • 0 g Protein • 0 g Kohlehydrate

Die Zutaten ergeben 240 ml

120 ml Weißwein
120 ml von Ihrem Lieblingsessig
3 El. scharfer Dijonsenf
1 El. gehackter frischer Salbei oder ½ Tl. getrockneter Salbei
1 El. gehackte Schalotten
Salz und frisch gemahlener schwarzer Pfeffer

Alle Zutaten in ein Schraubglas geben. Fest verschließen und gut schütteln.
(Hinweis: Diese Vinaigrette lässt sich leicht herstellen und ist sehr schmackhaft. Sie lässt sich im Kühlschrank bis zu einem Monat aufbewahren; schütteln Sie sie nur vor Gebrauch gut. Sie können den Geschmack variieren, indem Sie unterschiedlichen Essig verwenden und frische oder getrocknete Kräuter hinzugeben, und Sie können sogar Kräuter kombinieren. Und was das Beste ist: Dieses Dressing enthält kein Fett!)

Nancys Vinaigrette Citron

Je Esslöffel: 9 kcal • 0 g Protein • 1 g Fett • 0 g Kohlehydrate

Die Zutaten ergeben 225 ml

10 El. Zitronensaft
1 El. Olivenöl
1 Tl. weißer Pfeffer
1 Tl. Dijonsenf
4 El. Balsamico
1 El. fein gehackter Knoblauch

Alle Zutaten in ein kleines Schraubglas geben. Fest verschließen und gut schütteln. 12 Minuten stehen lassen.

(Hinweis: Das Dressing darf erst kurz vor dem Essen über den Salat gegeben werden.)

Dijon-Vinaigrette

Je Esslöffel: 22 kcal • 0 g Protein • 2,5 g Fett • 0 g Kohlehydrate

Zutaten für etwa 4 Esslöffel

¼ Tl. Salz
¼ Tl. schwarzer Pfeffer
1 El. Dijonsenf
2 El. Rotweinessig
1 El. Olivenöl

Alle Zutaten in ein kleines Schraubglas geben. Fest verschließen und gut schütteln.

Kräuter-Ingwer-Vinaigrette

Je Esslöffel: 11 kcal • 0 g Protein • 2 g Fett • 0 g Kohlehydrate

Zutaten für 120 ml

5 cm Würfel frischer Ingwer, gerieben
1 Bund Kerbel, gewaschen und trocken getupft, nur Blätter und obere Stengel, gehackt
1 El. Olivenöl
4 El. Reisweinessig
2 El. Zitronensaft
1 Tl. Dijonsenf
1 Tl. gehackte Petersilie
1 Tl. gehackte Schalotten
⅛ Tl. Salz
¼ Tl. frisch gemahlener schwarzer Pfeffer

Alle Zutaten in ein kleines Schraubglas geben. Fest verschließen und gut schütteln.

Tortenvinaigrette

Je Esslöffel: 145 kcal • 0 g Protein • 2 g Fett • 0 g Kohlehydrate

Zutaten für 175 ml

2 El. naturbelassenes Olivenöl
150 ml Rotweinessig
1 Knoblauchzehe, zerdrückt
½ Tl. getrockneter Oregano
1 Anchovis, fein gehackt oder im Mixer püriert (optional)
schwarzer Pfeffer zum Abschmecken

Alle Zutaten in ein kleines Schraubglas geben. Fest verschließen und gut schütteln.

Sesam-Salatdressing

Je Esslöffel: 15 kcal • 0 g Protein • 1 g Fett • 0 g Kohlehydrate

Zutaten für 600 ml

60 ml dunkles Sesamöl
300 ml Rotweinessig
180 ml Wasser
120 ml natriumarme Sojasoße

Alle Zutaten in ein kleines Schraubglas geben. Fest verschließen und gut schütteln. Bis zu 1 Monat im Kühlschrank aufbewahren.

(Hinweis: Dieses Dressing passt besonders gut zu Spinat und Rohkost. Es kann auch zu gegrilltem Fisch oder Geflügel gereicht werden.)

Anchovisdressing Französisch

Je Esslöffel: 32 kcal • 2 g Protein • 2,5 g Fett • 0 g Kohlehydrate

Zutaten für etwa 7 Esslöffel

50 g Anchovisfilets
1 El. Olivenöl
4 El. Zitronensaft
1 Frühlingszwiebel (optional)

Die Anchovis abtropfen lassen und auf Küchenpapier trocken tupfen. In winzige Stücke schneiden. Alle Zutaten in ein kleines Schraubglas geben. Fest verschließen und gut schütteln.

Majonäse

Je gestrichener Esslöffel: 40 kcal • 0 g Protein • 5 g Fett • 0 g Kohlehydrate

Zutaten für etwa 14 Esslöffel

1 Ei
½ Tl. Trockensenf
4 El. Olivenöl
4 El. Apfelcideressig oder Zitronensaft
Gewürze (siehe unten)

Alle Zutaten in einen Mixer geben und bei hoher Geschwindigkeit mixen. Wenn die Mischung sehr dick wird, den Mixer ausstellen und mit einem Spatel rühren, dann wieder mixen. Mit Pfeffer, geriebener Zwiebel oder Zwiebelpulver, Knoblauch oder Dill würzen.

Afrikanisches Zitronendressing

Je Esslöffel: 28 kcal • 0 g Protein • 3 g Fett • 0,5 g Kohlehydrate

Ergibt etwa 8 Esslöffel

Schale von 2 Zitronen, gerieben
4 El. Zitronensaft
¼ Tl. Salz
⅛ Tl. weißer Pfeffer
2 Knoblauchzehen, fein gehackt
2 El. Olivenöl
½ Tl. gemahlener Koriander
1 Tl. gemahlener Kreuzkümmel
1 Tl. Dijonsenf
1½ Tl. künstlicher Süßstoff
½ Tl. Paprika

Alle Zutaten in ein kleines Schraubglas geben. Fest verschließen und gut schütteln.

Kräutersoße

Je Esslöffel: 1,6 kcal • 0 g Protein • 0 g Fett • 0 g Kohlehydrate

Zutaten für etwa 10 Esslöffel

120 ml Zitronensaft
4 El. Balsamico
⅛ Tl. Thymianpulver
⅛ Tl. Majoranpulver
1½ Tl. getrocknetes Basilikum
4 frische Basilikumblätter, gehackt
1 El. Wasser
¼ Tl. Salz
5 El. frisch gehackte Petersilie

Alle Zutaten in ein kleines Schraubglas geben. Fest verschließen und gut schütteln. 12 Minuten stehen lassen.

Richtig anfangen

Vorspeisen sind dafür gedacht, den Appetit anzuregen, aber wenn man sie gut wählt, können sie ihn auch befriedigen.

Alle hier aufgeführten Rezepte sind befriedigend, schmackhaft, leicht zuzubereiten, arm an Kalorien und gesund. Sie sind anspruchsvoll genug, um Gäste damit zu bewirten und sie können auch allein als Hauptgang eines leichten Frühstücks verspeist werden

Die Suppen für Hungrige (Seite 36–39) und die Supersalate (Seite 40–43) sind auch sehr gut als Vorspeisen geeignet!

Tomaten Provençe

Je Portion: 30 kcal • 1,5 g Protein • 0 g Fett • 7 g Kohlehydrate

Für 2 Personen

2 große Tomaten oder 10 große Partytomaten
2 El. zerdrückter Knoblauch
2 Frühlingszwiebeln, in Ringe geschnitten
4 El. fettfreie Hühnerbrühe
1 Tl. weißer Pfeffer
1 Tl. getrockneter Oregano
2 große Zucchini, mit der Schale geraspelt
5 El. gehackte Petersilie
frische Petersilie zum Garnieren

1 Die großen Tomaten zerteilen und die Kerne entfernen. Wenn Sie Partytomaten verwenden, entfernen Sie die Strünke und schneiden Sie oben ein Stück ab, legen Sie die Stücke zur Seite und schaben Sie die Kerne mit einem kleinen Löffel aus.

2 Knoblauch und Zwiebel in 2 Esslöffeln Brühe bräunen und würzen.

3 Zucchini, Petersilie und die restliche Brühe hinzufügen. Ein paar Minuten erhitzen, bis die Zucchini gerade weich werden.

4 Das gekochte Gemüse auf Küchenpapier abtrocknen. In die ausgehöhlten Tomaten füllen, den Partytomaten die abgeschnittenen Deckel wieder aufsetzen. Mit frischer Petersilie garnieren.

Ziegenkäsesoufflé für Gourmets

Je Portion: 134 kcal • 9 g Protein • 7 g Fett • 12 g Kohlehydrate

Für 10 Personen

2 El. kalorienarme, ungesalzene Margarine
4 El. frisches Semmelmehl
3 El. Mehl
350 ml Magermilch
225 g weicher, milder Ziegenkäse wie Montrachet, zerbröckelt
3 große Eigelb
7 große Eiweiß
Salz und Pfeffer zum Abschmecken
Salatblätter zum Servieren

1 Herd auf 190°C (Gas: Stufe 3) vorheizen. Acht 120-ml-Auflaufförmchen sparsam mit Margarine einfetten und mit reichlich Semmelmehl bestreuen. Überschüssiges Semmelmehl ausklopfen und zum Bestreuen der Soufflés beiseite stellen.

2 Bei kleiner Hitze in einer mittelgroßen Kasserolle die Margarine schmelzen und das Mehl einrühren. Unter ständigem Rühren 3 Minuten kochen.

3 Milch einrühren und zum Kochen bringen. Vom Herd nehmen.

4 In einer großen Schüssel 175 g Käse, Eigelb, Salz und Pfeffer vermischen. Zu Mehl und Milch in den Topf geben und gerade eben zum Kochen bringen.

5 Das Eiweiß schlagen, bis es steif ist.

6 Das Eiweiß sorgfältig und vollständig unter die Käsemischung heben.

7 Die Mischung gleichmäßig auf die Auflaufförmchen verteilen.

8 Die Förmchen in eine Bratform stellen und so viel heißes Wasser in die Form füllen, dass die Förmchen zur halben Höhe im Wasser stehen. Soufflés mitten in der Backröhre etwa 25 Minuten backen, bis sie goldbraun sind. Bratform aus der Röhre nehmen und 15 Minuten stehen lassen.

9 Mit einem Messer die Soufflés aus der Form lösen und auf ein Backblech stürzen. Bis hierher können die Soufflés 1½ Stunden im Voraus vorbereitet und bei Zimmertemperatur aufbewahrt werden.

10 Herd auf 220°C vorheizen (Gas: Stufe 4). Soufflés etwa 5–7 Minuten auf einem Backblech in der Mitte der Herdröhre backen, bis sie aufgegangen und goldbraun sind.

11 Auf Salat servieren und etwas Vinaigrette nach Wahl darüber geben.

Leichte Hühnerterrine

Je Portion: 177 kcal • 23 g Eiweiß • 5 g Fett • 10 g Kohlehydrate

Für 8 Personen

1 rote Paprika, entkernt und gehackt
1 grüne Paprika, entkernt und gehackt
120 g Möhren, gewürfelt
50 g Zwiebel, gewürfelt
600 g Hühnerbrust vom Knochen gelöst, gehäutet
1 Tl. gekörnte Hühnerbrühe
½ Tl. weißer Pfeffer
½ Tl. Currypulver
½ Tl. scharfe Soße
370 ml entrahmte Milch
4 El. trockener Weißwein
1 Ei
1 Eiweiß
1 Bund Römischer Salat
Zum Garnieren:
rote und grüne Paprikastreifen

1 Paprika, Möhren und Zwiebeln 10 Minuten über kochendem Wasser dämpfen. Abtropfen lassen und beiseite stellen.

2 Hühnchen in 2½ cm große Stücke schneiden. Die Hälfte davon zusammen mit gekörnter Brühe, Pfeffer, Currypulver und scharfer Soße in einen Mixer geben. In einem Mixvorgang gleichmäßig mischen. Langsam 175 ml Kondensmilch, den Wein und das Ei hinzufügen und zu einer glatten Masse mixen. In eine große Schüssel geben.

3 Das restliche Hühnerfleisch mit der übrigen Kondensmilch und dem Eiweiß vermischen. Die beiden Hühnerfleischmischungen zusammenrühren.

4 Boden und Wände einer beschichteten Kastenform mit Salatblättern auslegen (Unterseite nach oben). Die Blätter dürfen über den Rand hängen.

5 Die Hälfte der Hühnerfleischmasse in der Form verteilen. Mit einem Löffel das gedämpfte Gemüse auf die Masse geben, dann die restliche Hühnerfleischmasse über dem Gemüse verteilen.

6 Die Form gut mit Alufolie abdecken und ein Loch in die Folie stechen, damit Dampf entweichen kann. Die Kastenform in eine Bratform stellen. Die Bratform bis zur Höhe von 3,5 cm mit heißem Wasser füllen.

7 Bei 180°C (Gas: Stufe 3) 1½ Stunden backen bzw. so lange bis das Gericht fest wird und in der Mitte auf Druck elastisch zurückfedert. Nun die Alufolie von der Kastenform nehmen und das Ganze abkühlen lassen. Wenn die Terrine nur noch handwarm ist, überschüssige Flüssigkeit abgießen. Ganz abkühlen lassen.

8 Die Speise auf eine Servierplatte stürzen, in Frischhaltefolie einwickeln und über Nacht in den Kühlschrank stellen.

9 Vor dem Servieren 30 Minuten bei Zimmertemperatur stehen lassen. Mit grünen oder roten Paprikastreifen garnieren.

Zauberpilze

Je Portion: 33 kcal • 2 g Protein • 1 g Fett • 5 g Kohlehydrate

Für 6 Personen

225 g Schiitake-Pilze
225 g Austernpilze
225 g Schneepilze
1 Tl. getrockneter Oregano
1 Tl. Rosmarin
8 Tl. gehackte Petersilie
3 Schalotten, gut gehackt
1 Tl. Olivenöl
Saft von 2 Limonen
¼ Tl. Pfeffer
Salat nach Wahl

1 Von den Pilzen die Stiele entfernen. Jeden Pilz sanft mit einem feuchten Papiertuch abwischen.

2 Alle Kräuter zusammen hacken.

3 Olivenöl mit Limonensaft mischen, dann Pfeffer und Kräuter hinzufügen.

4 Pilze und Schalotten in der Würzöl-Limonen-Mischung bei Zimmertemperatur 2–3 Stunden ziehen lassen (je länger, desto besser).

5 Pilze und Schalotten abtropfen lassen und in einer beschichteten Bratpfanne 5 Minuten sautieren, dabei häufig wenden. Alternativ 15 Minuten in der Backröhre bei 200°C (Gas: Stufe 3) erhitzen, mehrmals umrühren.

6 Auf Salatblättern Ihrer Wahl warm servieren.

Frischer Spargel „Premier“

Je Portion: 35 kcal • 9 g Protein • 0 g Fett • 5 g Kohlehydrate

Für 2 Personen

450 g Spargel
225 ml Wasser
Salz und Pfeffer nach Geschmack
Hart gekochte Eiweiß zum Garnieren

1 Den Spargel gut waschen. Das harte Wurzelende abschneiden, dann die harte Schale mit einem Kartoffelschäler abziehen.

2 Frischen Spargel kocht man am besten aufrecht stehend in einem tiefen Topf, so dass die zarten Spitzen sanft weich gekocht werden. Alternativ kann man den Spargel flach in eine Pfanne legen, vorzugsweise in einem Dämpfaufsatz.

3 Den Spargel zugedeckt dämpfen, bis er beim Anstechen mit einer Gabel weich erscheint. Abtropfen lassen und die Flüssigkeit als Brühe aufbewahren.

4 Den Spargel heiß oder abgekühlt servieren, darüber eine Vinaigrette Ihrer Wahl geben (Seite 44–45) und mit geriebenen hart gekochten Eiweiß garnieren.

Artischocken „Royale“

Je Portion: 37 kcal • 2 g Protein • 0 g Fett • 6 g Kohlehydrate

1 Artischocke pro Person

Zitronensaft
Prise Salz
2 Knoblauchzehen (optional)
Zitronenscheibe zum Garnieren

1 Von den Artischocken die Stiele abschneiden und die untersten Blätter entfernen. Die Artischocken mit Zitronensaft einreiben, um Verfärbungen zu vermeiden.

2 Die Artischocken in kochendes Salzwasser geben und 40 Minuten bei niedriger Hitze kochen. Wenn Sie möchten, können Sie das Wasser mit gewürfeltem Knoblauch würzen.

3 Heiß oder kalt mit der Vinaigrette Ihrer Wahl servieren (Seite 44–45). Mit einer Scheibe Zitrone garnieren.

Die Hauptsache

Die folgenden Hauptgerichte lassen sich leicht zubereiten, sind arm an Kalorien und Fett, köstlich und auserlesen. Niemand wird glauben wollen, dass diese schmackhaften Speisen tatsächlich gesund sind!

Hähnchen oder Huhn hat weniger Fett und Kalorien als andere Fleischsorten, und Pute hat noch weniger. Eine Portion wiegt 75 g. Alle Rezepte mit Hähnchen können auch mit Pute zubereitet werden. Eine tolle Methode, Geflügel oder Fisch zu kochen, ist *en papillote*. Legen Sie Hähnchen oder Fisch auf ein Stück Backpergament, fügen Sie Kräuter und Zitronensaft (und, wenn Sie mögen, einen Klecks Tomatensoße) hinzu, falten Sie das Papier zusammen und backen Sie das Ganze 40 Minuten bei 180°C (Gas: Stufe 3). Das Pergament versiegelt die Säfte.

Eine ungewöhnliche Soße für Hähnchen oder Fisch kann schnell aus dem Püree von 3 roten Paprika, vermischt mit 3 Esslöffeln Hühnerbrühe, hergestellt werden.

Sonniges Hühnchen

Je Portion: 184 kcal • 25 g Protein • 5 g Fett • 11 g Kohlehydrate

Für 4 Personen

450 g rohes Hähnchenfleisch ohne Knochen
120 ml Orangensaft
4 El. Sojasoße
4 El. Ketchup
1 El. Honig
1 Tl. Salz
1 Tl. frische Basilikumblätter
¼ Tl. Pfeffer

1 Das Hähnchen in eine große flache Bratform geben.

2 In einer Schüssel Orangensaft, Sojasoße, Ketchup, Honig, Salz, Basilikum und Pfeffer vermischen. Über das Hähnchen gießen.

3 Unbedeckt bei 180°C (Gas: Stufe 3) eine Stunde backen bzw. so lange, bis es gar ist.

Kräuter-Kognak-Hähnchen

Je Portion: 187 kcal • 24 g Protein • 4 g Fett • 2 g Kohlehydrate

Für 4 Personen

1 Hähnchen, aus Knochen und Haut gelöst und in bissfertige Stücke geschnitten
4 El. Hühnerbrühe
2 Knoblauchzehen, zerdrückt
225 ml trockener Weißwein
2 El. Kognak
2 El. kalorienarmes Tomatenmark
1 Tl. Salz
1 Tl. getrockneter Thymian

1 Die Hähnchenstücke in einer beschichteten Bratpfanne bräunen. Die Brühe hinzugeben und zum Befeuchten über das Hähnchen gießen.

2 In einer Schüssel Knoblauch, Wein, Kognak, Tomatenmark, Salz und Thymian mischen. Die Mischung zum Hähnchen geben.

3 Zudecken und 30 Minuten bzw. so lange, bis das Fleisch gut durch ist.

Scharfes Grillhähnchen

Je Portion: 135 kcal • 20 g Protein • 3 g Fett • 7 g Kohlehydrate

Für 4 Personen

450 g Hähnchenbrusthälften, aus Knochen und Haut gelöst
4 El. natriumarmes Ketchup
3 El. Apfelessig
1 El. fertiger weißer Meerrettich
2 Tl. dunkelbrauner Zucker
1 Knoblauchzehe, fein gehackt
¼ Tl. getrockneter Thymian
¼ Tl. schwarzer Pfeffer

1 Einen Holzkohlegrill anheizen, bis die Kohle weiße Asche bildet, oder einen Grill auf Mittelhitze vorwärmen.

2 Ketchup, Essig, Meerrettich, braunen Zucker, Knoblauch und Thymian zusammen in einen kleinen Topf geben. Gut durchmischen und bei mittlerer bis kleiner Hitze zum Kochen bringen. Unter häufigem Rühren weiter kochen, bis die Masse nach etwa 5 Minuten dicker wird. Vom Herd nehmen und den Pfeffer unterrühren.

3 Die Oberseite der Hähnchenstücke leicht mit der Soße bestreichen. Das Fleisch mit der bestrichenen Seite nach unten auf einen Grillrost legen. Die andere Seite leicht mit Soße bestreichen.

4 Im Abstand von etwa 7,5 cm vom Feuer grillen, mit der übrigen Soße bestreichen und wenden, bis das Fleisch innen nicht mehr rosa ist, je Seite etwa 5-7 Minuten grillen. Vor dem Servieren das Hähnchen 5 Minuten stehen lassen.

Plattfischroulade mit Spinat

Je Portion: 143 kcal • 21 g Protein • 2 g Fett • 13 g Kohlehydrate

Für 4 Personen

4 El. Zitronensaft
½ Tl. Zwiebelpulver
1 Knoblauchzehe, gehackt
4×85 g Stücke Plattfisch (Rotzunge, Seezunge oder Flunder)
900 g frischer Spinat, geschnitten
125 ml Hühnerbrühe
4 Streifen rote Paprika
4 Tl. trockene Semmelbrösel
1 El. frischer Koriander zum Garnieren

1 Zitronensaft, Zwiebelpulver und Knoblauch mischen.

2 Den Fisch in ein flaches Gefäß legen, die Zitronensaftmischung darüber gießen und 2 Stunden in der Marinade ziehen lassen.

3 Spinat 5 Minuten in siedender Hühnerbrühe kochen. Abtropfen lassen und schneiden.

4 Den Fisch aus der Marinade nehmen und flach auslegen. Jedes Stück mit einem Viertel des gekochten Spinats bedecken. Einen roten Paprikastreifen um den Fisch rollen und mit einem Cocktailspieß zusammenhalten.

5 Eine Bratform mit fettfreiem Bratspray aus Pflanzenöl aussprühen. Den Fisch in die Form legen. Darauf den Koriander und je Rolle einen Teelöffel Semmelbrösel geben, um das Austrocknen zu verhindern.

6 Bei 200°C (Gas: Stufe 3) 20–25 Minuten backen.

Gerösteter Seeteufel mit Rotweinglasur

Je Portion: 146 kcal • 28 g Protein • 1 g Fett • 7 g Kohlehydrate

Für 4 Personen

700 g Seeteufel
2 Knoblauchzehen, dünn geschnitten
2 Tl. Olivenöl
1 Tl. getrockneter Thymian
1 El. gefrorener Orangensaft
½ Tl. künstlicher Süßstoff
120 ml Rotwein
1 El. Rotweinessig
1 Tl. kalorienarmes Tomatenmark
1 El. Butter oder fettarme Margarine

1 Den Herd auf 200°C (Gas: Stufe 3) vorheizen.

2 Den Seeteufel ausnehmen. Kleine Schlitze über den ganzen Fisch verteilt einschneiden und mit Knoblauch füllen. In eine feuerfeste Backform legen. Mit Olivenöl bepinseln und mit Thymian bestreuen.

3 15 Minuten unbedeckt backen bzw. so lange bis die weißen Säfte an die Oberfläche steigen.

4 Inzwischen Orangensaft, Süßstoff, Rotwein, Essig und Tomatenmark in einem Topf mischen. Zum Kochen bringen und etwa 3 Minuten, bis die Flüssigkeit auf 75 ml reduziert ist, weiter kochen. Alle Flüssigkeit aus dem Seeteufel, die sich angesammelt hat, dazugeben und nochmals aufkochen.

5 Vom Herd nehmen und die Butter unterrühren. Die Soße sollte jetzt leicht dick sein und glänzen.

6 Den Seeteufel in etwa 6 mm dicke Scheiben schneiden und mit einem Löffel Glasur servieren.

Zucchini-schiffchen

Je Portion: 62 kcal • 5 g Protein • 4 g Fett • 2,5 g Kohlehydrate

Für 8 Personen

8 Zucchini mit Schale
1 El. Olivenöl
1 Tl. gehackte Petersilie
½ gehackte Zwiebel
1 rote Paprika, gehackt
2 El. gewürzte Semmelbrösel
4 Tl. geriebener Parmesankäse (optional)
⅛ Tl. Salz
½ Tl. weißer Pfeffer

1 Die Backröhre auf 190 °C (Gas: Stufe 3) vorheizen.

2 Die Zucchini der Länge nach halbieren und das Mark mit einem Löffel herausholen. Nicht die Schale beschädigen.

3 In einer großen Bratpfanne bei niedriger Hitze das Öl erhitzen. Petersilie und Zwiebel hinzugeben und anbraten bis die Zwiebel hell braun ist. Das Zucchinimark und die gehackte rote Paprika hineinrühren. Drei Minuten erhitzen.

4 Mit den gewürzten Semmelbröseln, Käse, Salz und Pfeffer mischen. Die Zucchini mit der Mischung füllen.

5 Die Zucchini in eine Backform geben, in die sie gerade so hineinpassen.

6 20 Minuten backen.

Koriander-schwertfisch

Je Portion: 178 kcal • 29 g Protein • 2 g Fett • 0 g Kohlehydrate

Für 2 Personen

2 × 120 g Stücke von Schwertfisch (oder Buckellachs, Rotzunge, Seezunge oder Flunder*)
4 El. Zitronensaft
120 ml Weißwein
¼ Tl. Pfeffer
4 Stängel frischer Koriander

Zum Garnieren:
Zitronenscheiben
Korianderblätter

1 Den Fisch 1–2 Stunden in Zitronensaft und Wein mit Pfeffer und Koriander einlegen.

2 Den Fisch in eine mit Olivenöl eingefettete Backform geben.

3 10–12 Minuten grillen, bis er braun wird.

4 Mit Zitronenscheiben und frischen Korianderblättern garniert servieren.

* Seezunge und Flunder haben weniger Kalorien und Fett.

Gemüsekebabs

Je Portion: 100 kcal • 4 g Protein • 3 g Fett • 16 g Kohlehydrate

Für 6 Personen

1 Aubergine, grob in Stücke geschnitten
36 kleine junge Pilze
1 rote oder grüne Paprika, entkernt und in Streifen geschnitten
24 eingelegte junge Zwiebeln oder 2 Zwiebeln, in grobe Stücke geschnitten
6 kleine Zucchini, in dicke Streifen geschnitten
3 El. Dijonsenf
3 Knoblauchzehen, zerdrückt
3 El. dunkelbrauner Zucker
3 El. Sojasoße
1 El. Olivenöl
½ Tl. Salz

1 Die Aubergine mit Salz bestreuen, 30 Minuten stehen lassen, dann abspülen und abtropfen lassen.

2 Das Gemüse auf 12 Spieße stecken. Die Spieße flach auf ein nichtmetallisches Tablett oder einen großen Teller legen.

3 Senf, Knoblauch, braunen Zucker, Sojasoße, Olivenöl und Salz vermischen. Die Marinade mit einem Löffel über das Gemüse verteilen und die Spieße drehen, damit alle Stücken erreicht werden. Mindestens 1 Stunde durchziehen lassen und von Zeit zu Zeit wieder mit der Marinade übergießen.

4 Die Kebabs 10–15 Minuten grillen bis sie weich sind.

5 Kurz vor dem Essen die Kebabs auf ein Vollkornreisbankett legen (Seite 31). Die restliche Marinade separat servieren.

Gemüse der Natur

Gemüse ist am besten, wenn es leicht gedünstet wird, so dass es knackig bleibt. Das erhält nicht nur den Geschmack, sondern auch wertvolle Nährstoffe. Versuchen Sie verschiedene Gemüse mit viel Ballaststoffen wie Fenchel, Spagettikürbis, Kohlrabi und Zucchini. Veredeln Sie den Geschmack mit Kräutern und Gewürzen wie Estragon, Kümmel, Knoblauch, Paprika, Basilikum, Majoran, Dill, Thymian, Petersilie und Oregano sowie mit Balsamico oder Zitronensaft. Lassen Sie Salz weg. Einen richtigen Energieschub bekommen Sie, wenn Sie das nach dem Dämpfen zurückbleibende Wasser trinken.

Wählen Sie das frischeste Gemüse, bewahren Sie es an einem kühlen dunklen Ort auf und verbrauchen Sie es innerhalb von wenigen Tagen. Feinfrostgemüse ist ebenfalls gut geeignet, da nach der Ernte die besten Stücke zum Einfrieren ausgewählt werden, und die Nährstoffe erhalten bleiben.

Sesamstangenbohnen

Je Portion: 40 kcal • 2 g Protein • 1 g Fett • 5 g Kohlehydrate

Für 4 Personen

680 g Stangenbohnen
2 Tl. Sojasoße
1 El. Worcestersoße
2 El. Hühnerbrühe
1 El. Sesamkörner
⅛ Tl. Salz
½ Tl. frisch gemahlener schwarzer Pfeffer

1 Die Stangenbohnen waschen und putzen.

2 Alle anderen Zutaten mischen und erhitzen.

3 Die Stangenbohnen hinzufügen, zudecken und bei schwacher Hitze 4–6 Minuten kochen, bis sie weich sind.

Spinatzucchini „Harmonie“

Je Portion: 27 kcal • 3 g Protein • 1 g Fett • 2 g Kohlehydrate

Für 6 Personen

1 Zucchini mit Schale
1 Tl. Olivenöl
1 Knoblauchzehe, gehackt
450 g Spinat
120 ml Hühnerbrühe

1 Die Zucchini waschen und mit einer Bürste abbürsten. Auf einer Käsereibe reiben.

2 Das Olivenöl mit dem Knoblauch erhitzen und die Zucchini sautieren.

3 Den Spinat in Hühnerbrühe 5 Minuten kochen. Mit der Zucchini mischen.

Würziger Schikoree

Je Portion: 26 kcal • 1 g Protein • 1 g Fett • 6 g Kohlehydrate

Für 2 Personen

2 Köpfe Schikoree (etwa 225 g)
1 El. Sellerie, gewürfelt
1 El. Zwiebel, gehackt
1 El. gewürfelter Gemüsepaprika
4 El. Wasser mit 1 El. Zitronensaft oder Hühnerbrühe
¼ Tl. gekörnte Hühnerbrühe

1 Den Schikoree putzen und welke Blätter entfernen.

2 Den Schikoree der Länge nach halbieren. In eine Bratpfanne geben und mit Sellerie, Zwiebel und Gemüsepaprika bestreuen.

3 Das Wasser mit Zitronensaft oder Gemüsebrühe mit den Brühkörnern mischen und gut durchrühren. Über den Schikoree gießen.

4 Zum Kochen bringen. Zudecken, die Hitze zurücknehmen und 10 Minuten köcheln lassen.

In Brühe gebratene Okra

Je Portion: 23 kcal • 1 g Protein • 0,5 g Fett • 4 g Kohlehydrate

Für 6 Personen

1 El. Hühnerbrühe
225 g frische Okra, in Scheiben oder ganz
50 g Zwiebeln, gehackt
1 rote Paprika, entkernt und gewürfelt
½ Tl. Basilikum
¼ Tl. getrockneter Thymian
⅛ Tl. Pfeffer
1 Tomate, gehackt

1 In einer großen Bratpfanne die Hühnerbrühe erhitzen.

2 Die geschnittene Okra, Zwiebel, Paprika, Basilikum, Thymian und Pfeffer dazugeben. Sechs Minuten bzw. so lange bis das Gemüse weich wird unter ständigem Rühren anbraten.

3 Die gehackte Tomate zur Mischung geben und 2 Minuten unter ständigem Rühren braten.

Pilze Sauté

Je Portion: 9 kcal • 1 g Protein • 0 g Fett • 1 g Kohlehydrate

Für 2 Personen

1 Knoblauchzehe, leicht zerdrückt
4 El. Wasser
75 g Pilze, dick geschnitten
4 El. Zitronensaft

1 In einer beschichteten Bratpfanne den Knoblauch 5 Minuten anbraten.

2 Den Knoblauch herausnehmen und Pilze und Zitronensaft in die Pfanne geben.

3 3 – 5 Minuten unter häufigem Rühren braten bis die Pilze gar sind.

Überraschungs-rosenkohl

Je Portion: 52 kcal • 4 g Protein • 2 g Fett • 6 g Kohlehydrate

Für 4 Personen

450 g frischer Rosenkohl
½ getrockneter Estragon, zerrieben
4 El. Wasser
½ – ¾ Schote roter Paprika, grob geraspelt
2 Tl. geriebene Zitronenschale
2 El. Zitronensaft

1 Rosenkohl, Estragon und Wasser in einem flachen Topf erhitzen. Zudecken und zum Kochen bringen.

2 Die Hitze reduzieren und 8 Minuten köcheln lassen.

3 Den roten Paprika dazugeben und 2 Minuten kochen bzw. so lange bis das Gemüse gerade gar wird. Abtropfen lassen.

4 Über das Gemüse die Zitronenschale streuen und den Saft tröpfeln und vorsichtig wenden.

Kürbis in Chablis

Je Portion: 20 kcal • 1 g Protein • 0 g Fett • 3 g Kohlehydrate

Für 6 Personen

3 El. Chablis oder anderer trockener Weißwein
1 kleine weiße Zwiebel, geviertelt und in dünne Scheiben geschnitten
2 Zucchini, in dünne Scheiben geschnitten
2 kleine gelbe Kürbisse, dünn geschnitten
½ Tl. gekörnte Hühnerbrühe
¼ Tl. getrocknetes Basilikum
⅛ Tl. frisch gemahlener schwarzer Pfeffer

1 Den Wein in einer großen Bratpfanne erhitzen.

2 Die Zwiebel dazugeben und 1 Minute sautieren.

3 Zucchini, gelben Kürbis und Brühkörner dazugeben. 3 Minuten sautieren bzw. so lange bis alles gerade eben gar ist.

4 Vor dem Servieren mit Basilikum und Pfeffer bestreuen.

Kümmelkohl

Je Portion: 15 kcal • 1 g Protein • 0 g Fett • 3 g Kohlehydrate

Für 4 Personen

120 g Kohl, dünn geschnitten
50 g Sellerie, gewürfelt
50 g Tomate, gehackt
50 g rote oder grüne Paprika, fein gehackt
1 kleine Zwiebel, gewürfelt
1 El. Essig
¼ Tl. Kümmelkörner
50 ml Wasser

1 Geben Sie alle Zutaten zusammen in eine große Bratpfanne.

2 Zudecken und bei niedriger Hitze 6 Minuten kochen bzw. so lange bis das Gemüse knackig, aber weich ist. Gelegentlich umrühren.

Spinat mit Kreuzkümmelgeschmack

Je Portion: 22 kcal • 3 g Protein • 0 g Fett • 2 g Kohlehydrate

Für 4 Personen

1 Bund Spinat, gewaschen
1 El. Hühnerbrühe
1 Tl. gemahlener Kreuzkümmel
1 Tl. Zitronensaft
Pfeffer zum Abschmecken

1 Den nassen Spinat in einen Topf geben. Zugedeckt etwa 5 Minuten bei mittlerer Hitze dämpfen, bis der Spinat zusammenfällt.

2 Den Spinat herausnehmen und auf Küchenpapier abtrocknen, um überschüssiges Wasser zu entfernen. Auf Zimmertemperatur abkühlen.

3 Erhitzen Sie Hühnerbrühe im selben Topf bei mittlerer Hitze. Rühren Sie Kreuzkümmel und Spinat hinein. Sautieren Sie das Ganze, bis es heiß ist. Geben Sie Zitronensaft und Pfeffer hinzu.

Reistrikolore

Je Portion: 142 kcal • 3 g Protein • 2 g Fett • 31 g Kohlehydrate

Für 6 Personen

Reis:
200 g brauner Basmatireis
570 ml Wasser
1 Zwiebel, gehackt
1 Tl. Olivenöl

Trikolore:
50 g Feinfrosterbsen, Zucchini und/oder Spinat (Feinfrost)
85 g rote Paprika, gewürfelt
85 g gelbe Paprika, gewürfelt

1 Den Reis im Wasser langsam mit der Zwiebel und dem Olivenöl 40–45 Minuten kochen, bis das Wasser vollständig aufgesogen ist.

2 Das Feinfrostgemüse nach der Anleitung auf der Packung kochen. Den Spinat in große Stücke schneiden. Wenn Sie frische Zucchini verwenden, reiben Sie sie und blanchieren sie mit 1 Teelöffel Wasser.

3 Die roten und gelben Paprika in 120 ml kochendem Wasser einige Sekunden blanchieren.

4 Sobald das Gemüse gekocht ist, mischen Sie es unter den Reis, solange es noch heiß ist.
(Hinweis: Dies ist ein kohlehydratreiches Gericht, das vorzugsweise mit grünen Salaten und ballaststoffreichem Gemüse gegessen werden sollte.)

Die Große Kartoffel

Je Kartoffel etwa: 136 kcal • 4 g Protein • 0,2 g Fett • 32 g Kohlehydrate

1 Die Kartoffel gründlich waschen und, falls sie frisch aus der Erde kommt, eine kleine Wurzelbürste verwenden.

2 Mit einem Küchenmesser vor dem Backen genau oben auf der Kartoffel ein x einschneiden (damit die Kartoffel nicht platzt!).

3 In der auf 200°C (Gas: Stufe 3) vorgeheizten Röhre eine Stunde backen.

4 Die Kartoffel halbieren. Wenn Sie eine weiße Kartoffel verwenden, entfernen Sie einen Großteil der Kartoffel. Servieren Sie sie mit einigen Esslöffeln der nachstehend genannten Füllungen und garnieren Sie mit einem Stängel Petersilie. Eine Süßkartoffel schmeckt sogar ohne Füllung lecker!

(Hinweis: Eine traditionelle gebackene Kartoffel mit schmackhafter Füllung ist ein herzhaftes, sättigendes und genussvolles Frühstück oder Mittagessen. Da es sich um ein Kohlehydratgericht handelt, sollten Sie es mit grünen Salaten und ballaststoffreichem Blattgemüse essen und nicht als Beilage zu proteinreichen Hauptgerichten. Eine ganze Kartoffel hat etwa 220 kcal, aber wenn man nur die Haut mit ein wenig Kartoffelfleisch daran isst, nimmt man nur die Hälfte der Kalorien, aber fast alle Nährstoffe zu sich. Eine Süßkartoffel hat nur 118 kcal und dazu eine unglaubliche Menge an Nährstoffen, darunter Betakarotin und das Spurenelement Selen – die beide viele Krebsarten verhindern helfen. Wenn Sie eine Naschkatze sind, dann ist eine Süßkartoffel eine tolle Mahlzeit – wie ein Dessert!

Füllung mit Cheddar und Tomate

Je Füllung mit 25 g Käse: 68 kcal • 8 g Protein • 4 g Fett • 0 g Kohlehydrate

Füllen Sie die eingeschnittene Kartoffel mit Cheddarkäse und einer Tomatenscheibe. Erhitzen Sie sie nochmals einige Minuten in der Röhre oder unter einem Grill, bis der Käse schmilzt.

Schnittlauchfüllung

Je Esslöffel: 8 kcal • 1 g Protein • 0 g Fett • 1 g Kohlehydrate

Zutaten für 16 Esslöffel

Mischen Sie 225 ml sehr mageren Jogurt mit 2 Esslöffeln Schnittlauch.

Parmesankäsefüllung

Je Esslöffel: 14 kcal • 1,5 g Protein • 0 g Fett • 1 g Kohlehydrate

Zutaten für 16 Esslöffel

Mischen Sie 225 ml sehr mageren Jogurt mit 2 Esslöffeln geriebenem Parmesankäse.

Ricottakäsefüllung

Je Esslöffel: 14 kcal • 1 g Protein • 1 g Fett • 1 g Kohlehydrate

Zutaten für 16 Esslöffel

Mischen Sie 120 g halbfetten Ricotta mit 120 ml sehr magerem Jogurt. Diese Füllung schmeckt besonders gut in einer Süßkartoffel. Sie können einen halben Teelöffel künstlichen Süßstoff hinzufügen, wenn Sie wollen. In einer üblichen Kartoffel können Sie die Füllung mit 3 Esslöffel Schnittlauch würzen.

Nachspeisen: Das Große Finale

Die allerbeste Nachspeise ist frisches Obst! Man kann es wie ein Kunstwerk präsentieren. Melonenscheiben mit Zitrone und einem Blatt Minze darauf, gemischte Beeren, Orangenscheiben (für besondere Gelegenheiten mit Grand Marnier beträufelt), Ananas mit Erdbeeren oder Himbeeren garniert – all dies befriedigt Ihren Appetit auf Süßes und beendet eine Mahlzeit mit Pfiff. Hier sind noch weitere tolle Dessertrezepte, die Sie probieren können.

Orangen-Chiffon-Käsekuchen

Je Portion: 159 kcal • 9 g Protein • 7 g Fett • 16 g Kohlehydrate

Für 12 Personen

150 g Zwiebackbrösel
½ Tl. Zimt
50 g fettarme Margarine, geschmolzen
225 ml frischer Orangensaft
2 El. Gelatinepulver
340 g kalorienarmer Schmelzkäse, erweicht
225 g halbfetter Schafskäse (Ricotta)
3½ Tl. künstlicher Süßstoff
1 Päckchen kalorienarme Schlagkremmischung
120 ml Magermilch
2 Orangen, geschält, entkernt und gehackt

Zum Dekorieren:
1 Orange, geschält und in Scheiben geteilt
Minzeblättchen

1 Heizen Sie die Röhre auf 180°C (Gas: Stufe 3) vor.

2 Mischen Sie Zwiebackbrösel, Zimt und Margarine gut, drücken Sie die Mischung in eine 23-cm-Springform und backen Sie die Kruste 8–10 Minuten bzw. so lange bis sie sich gesetzt hat. Abkühlen lassen.

3 Den Orangensaft in einen kleinen Topf gießen. Das Gelatinepulver darüber streuen und 3 Minuten weichen lassen.

4 Unter ständigem Rühren erhitzen, bis die Gelatine sich auflöst (etwa 6 Minuten).

5 Die verschiedenen Käse in einer großen Schüssel zu einer glatten Masse mischen. Den Süßstoff einrühren.

6 Die Gelatinemischung hinzufügen und glatt rühren.

7 Etwa 15 Minuten im Kühlschrank kalt stellen.

8 Nach der Anleitung auf der Packung die Schlagkrem zubereiten, dabei die entrahmte Milch durch Wasser ersetzen.

9 Die Schlagkrem unter die Käsemischung heben. Die gehackte Orange einrühren.

10 Mit einem Löffel auf die Kruste geben und gleichmäßig verteilen. Für 6 Stunden oder über Nacht kalt stellen.

11 Mit Orangenscheiben und Minzeblättchen dekorieren.

Frisches Obstsoufflé

Je Portion: 52 kcal • 4 g Protein • 0 g Fett • 10 g Kohlehydrate

Für 6 Personen

450 – 900 g Obst (Pfirsiche, Birnen, Blaubeeren, Erdbeeren, Himbeeren)
künstlicher Süßstoff zum Abschmecken
Maismehl
6 Eiweiß
Kristall- oder Puderzucker

1 Das Obst kochen und zu einem dicken Püree verarbeiten. Nach Bedarf ein wenig künstlichen Süßstoff hinzufügen.

2 Das Obstpüree mit Maismehl andicken, bis es die Konsistenz von Marmelade hat.

3 Die Eiweiß schlagen, bis es steif ist.

4 Das Eiweiß vorsichtig unter das Püree heben.

5 Die Mischung in eine mit Kristall- oder Puderzucker bestäubte beschichtete Souffléform geben.

6 In der vorgeheizten Röhre bei 180°C (Gas: Stufe 3) 40 – 50 Minuten backen bzw. so lange, bis das Soufflé gut aufgegangen (etwa auf doppelte Größe) und oben gebräunt ist.

Biskuitkuchen „Extraordinaire“

Je Portion: 64 kcal • 2 g Protein • 2 g Fett • 11 g Kohlehydrate

Für 16 Personen

120 g gesiebter Zucker
1 Tl. Zitronen- oder Orangenschale, gerieben
3 Eigelb
4 El. kochendes Wasser oder Kaffee
1 El. Zitronensaft (oder 1 Tl. Vanillearoma oder 3 Tropfen Anisöl)
85 g Mehl
1 ½ Tl. Backpulver
⅛ Tl. Salz
6 Eiweiß

1 Die Backröhre auf 180°C (Gas: Stufe 3) vorheizen.

2 Den Zucker sieben und die geriebene Zitronen- oder Orangenschale einrühren.

3 Die Eigelb schaumig schlagen. Nach und nach den Zucker unterheben.

4 Wasser (oder Kaffee) unter das Eigelb schlagen. Kühl stellen.

5 Den Zitronensaft (oder Vanillearoma oder Anis) hineinrühren.

6 Das Mehl zusammen mit Backpulver und Salz sieben und nach und nach zur Eigelbmischung geben. Alles gut verrühren.

7 Die Eiweiß schlagen, bis sie eben steif sind. Unter den Teig heben.

8 In einer beschichteten 23-cm-Sandwichform in der vorgeheizten Röhre 45 Minuten backen.

9 Mit Beeren oder Pfirsich, entweder frisch oder ohne Zucker gedämpft, und mit 2 Esslöffeln fast fettfreiem Jogurt servieren.

10 Alternativvorschlag: Direkt vor dem Servieren die Mitte mit verschiedenen frischen, geschnittenen Früchten füllen. Für besondere Gelegenheiten mit Vanilleschaumglasur (Seite 61) überziehen, mit oder ohne die frische Fruchtfüllung.

Vanilleschaumglasur

Je Portion: 75 kcal • 0,5 g Protein • 0 g Fett • 25 g Kohlehydrate

Für 16 Personen

2 Eiweiß
340 g Zucker
5 El. kaltes Wasser
¼ Tl. Weinstein
1 Tl. Vanillearoma

1 Eiweiß, Zucker, Wasser und Weinstein in die obere Abteilung eines Turmtopfes geben. Durch Schlagen vollständig vermischen.

2 Das Ganze über heftig kochendes Wasser stellen und 7 Minuten ständig mit dem Schneebesen schlagen.

3 Vom Feuer nehmen. Das Vanillearoma dazugeben.

4 Weiter schlagen, bis die Glasur die zum Glasieren geeignete dicke Konsistenz hat.

5 Den Kuchen erst glasieren, wenn er abgekühlt ist. Glasiert man den Biskuitkuchen „Extraordinaire“ (Seite 60), so erhält man ein sehr anspruchsvolles Dessert.

Zitronenschaumglasur

Je Portion: 100 kcal • 0,5 g Protein • 0 g Fett • 25 g Kohlehydrate

Für 16 Personen

Wie Vanilleschaumglasur herstellen, aber die 5 Esslöffel kaltes Wasser durch 3 Esslöffel kaltes Wasser, 2 Esslöffel Zitronensaft und ¼ Teelöffel geriebene Zitronenschale ersetzen.

Orangenschaumglasur

Je Portion: 84 kcal • 6 g Protein • 0 g Fett • 27 g Kohlehydrate

Für 16 Personen

Wie Vanilleschaumglasur herstellen, aber die 5 Esslöffel kaltes Wasser durch 4 Esslöffel Orangensaft, 1 Esslöffel Zitronensaft und ½ Teelöffel geriebene Orangenschale ersetzen.

Regenbogeneis

Je Portion: 71 kcal • 3 g Protein • 0 g Fett • 15 g Kohlehydrate

Für 6 Personen

½ Tl. Gelatinepulver
4 El. kaltes Wasser
2–3 Tl. künstlicher Süßstoff (nach Belieben) oder 2 El. Honig
2 El. Zitronensaft
6 El. Orangensaft
225 ml frisches Pfirsichpüree
225 ml frisches Kiwipüree
225 ml frisches Himbeerpüree

1 Die Gelatine 5 Minuten in einem Topf mit dem kalten Wasser einweichen. Erhitzen, um die Gelatine aufzulösen.

2 Zu jedem Püree etwas Süßstoff hinzugeben.

3 Zitronen- und Orangensaft mischen und jedem Püree jeweils ein Drittel davon zusetzen.

4 Das Pfirsichpüree in eine gläserne Kuchenform geben, die mit Wachspapier ausgelegt ist. Einfrosten, bis das Püree hart ist.

5 Das Kiwipüree auf das gefrorene Pfirsichpüree geben und einfrosten, bis es hart ist.

6 Schließlich das Himbeerpüree als letzte Schicht darauf verteilen. Einfrosten, bis es hart ist.

Warmer Apfelgenuss

Je Portion: 56 kcal • 1 g Protein • 0 g Fett • 14 g Kohlehydrate

Für 2 Personen

2 rote Äpfel, entkernt und halbiert (mit Schale)
1 Dose Diät-Schwarzkirschen- oder Erdbeercola
Prise künstlicher Süßstoff
Prise Zimt

1 Die Äpfel mit der Schnittfläche nach oben in eine Backform legen. Die Cola über die Äpfel gießen.

2 Mit Süßstoff und Zimt bestreuen.

3 In der vorgeheizten Backröhre bei 180°C (Gas: Stufe 3) 25–30 Minuten backen.

Orangen nach Florida-Art

Je Portion: 119 kcal • 2 g Protein • 0 g Fett • 21 g Kohlehydrate

Für 8 Personen

8 Navelorangen
285 g Feinfrosthimbeeren
340 g frische Himbeeren
120 ml Drambuie oder Grenadin
1 Tl. Pfeilwurzstärke
Minzeblättchen zum Dekorieren

1 Schälen Sie die Orangen, entfernen Sie mit der Schale die weißen Fasern und schneiden Sie sie in Scheiben. Stellen Sie sie in einer großen flachen Schüssel beiseite.

2 Die gefrorenen Himbeeren und eine Hälfte der frischen in einem Mixer pürieren.

3 Durch ein Sieb schlagen, um die Kerne zu entfernen.

4 Drambuie oder Grenadin hinzufügen und 3 Minuten in einem Topf erhitzen. Die Pfeilwurz dazugeben und zum Andicken verrühren. Abkühlen lassen.

5 4 Orangenstücke auf einzelne Dessertteller legen und 2 Esslöffel Püree darauf setzen. Mit Minzeblättchen und den restlichen frischen Himbeeren dekorieren.

6 Vor dem Servieren mindestens 4 Stunden abkühlen lassen.

Geschlagenes Fruchtwunder

Je Portion: 171 kcal • 12 g Protein • 7g Fett • 16 g Kohlehydrate

Für 2 Personen

1 Tl. Gelatinepulver
75–120 ml Fruchtsaft
4 frische Aprikosen oder 2 frische Pfirsiche, gehäutet und püriert mit 1 Tl. Zitronensaft oder
1 kleines Glas Babyfertignahrung (Aprikose, Backpflaume, Apfelmus, Pfirsich usw.)
1 Tl. künstlicher Süßstoff
½ Tl. Vanillearoma
120 g fettarmer Schafskäse (Ricotta)
120 g fettarmer Jogurt

1 Die Gelatine im Fruchtsaft einweichen. Über heißem Wasser erhitzen, um die Gelatine aufzulösen.

2 Das Fruchtpüree, die Hälfte des künstlichen Süßstoffes und die Vanille dazugeben. Kalt stellen, bis die Mischung eine sirupartige Konsistenz hat.

3 In einer eiskalten Schüssel schlagen, bis die Gelatine ihr Volumen verdoppelt hat. In einzelne Dessertschälchen geben und mindestens 4 Stunden kalt stellen.

4 In einer Schüssel Ricotta und Jogurt mit dem restlichen Süßstoff als Garnierung vermischen. Mit Obstscheiben dekorieren.

Partyleben

Selbst besondere Gelegenheiten können mit wenig Kalorien gefeiert werden! Da die Vorbereitungen zu einer Party immer in letzter Minute und hektisch ablaufen, sollte man am besten so viel wie möglich vorher zubereiten. Sie können auch fingergroße Spezialsandwichs servieren (Seite 35).

Zucchini „Gondoliere"

Je Portion: 21 kcal • 1 g Protein • 1 g Fett • 3 g Kohlehydrate

Für 3 Personen

1 mittelgroße Zucchini, in Scheiben
120 ml Essig
120 ml Wasser
6 Eiswürfel
60 g halbfetter Schafskäse (Ricotta)
2 El. Majonäse (Seite 46)
1 Tl. fein gehackte Zwiebel
½ Tl. fein gehackte frische Wasserkresse
⅛ Tl. getrockneter Kerbel
⅛ Tl. getrocknetes Bohnenkraut
1 Tl. Zitronensaft
ein Schuss scharfe Soße
9 Scheiben dünn geschnittenes Vollkornbrot
Gemüsepaprika zum Garnieren

1 Zucchini, Essig, Wasser und Eiswürfel zusammen in eine Schüssel geben. Für 30 Minuten stehen lassen.

2 Ricotta, Majonäse, Zwiebel, Wasserkresse, Kerbel, Bohnenkraut, Zitronensaft und scharfe Soße vermischen. Zudecken und kalt stellen.

3 Vom Brot die Rinde entfernen. Aus jeder Brotscheibe vier kreisförmige Stücke von je 3,5 cm Durchmesser schneiden. Auf jedes Stück ½ Teelöffel Ricottamischung streichen. Darauf ein Stück Zucchini legen. Mit Gemüsepaprika garnieren.

Pekingpüree

Je Portion: 15 kcal • 0 g Protein • 1 g Fett • 0 g Kohlehydrate

Für 5 Personen

120 ml einfacher Magerjogurt
120 ml Majonäse
1 El. Sesamkörner, geröstet
2 El. natriumarme Sojasoße
2 El. Worcestersoße
1½ Tl. geriebener Ingwer

1 Alle Zutaten in einer kleinen Schüssel vermischen.

2 Zudecken und mindestens 4 Stunden vor dem Servieren im Kühlschrank kalt stellen.

Obstkebabs

Je Portion: 44 kcal • 1 g Protein • 0 g Fett • 10 g Kohlehydrate

Für 16 Personen

2 Äpfel, geschält und in 2 cm große Würfel geschnitten
225 g Ananaswürfel (frisch oder aus der Dose)
140 g frische Erdbeeren, vom Stängel befreit und halbiert
170 g Beutelmelone, in Kugel- oder in Würfelform
170 g Honigmelone, in Kugel- oder in Würfelform
1 frische Ananas zum Servieren

1 Tauchen Sie jeden Apfelwürfel in Zitronensaft, um Verfärbungen zu verhindern.

2 Stecken Sie von jeder Frucht ein Stück auf jeden Spieß und wechseln Sie dabei die Farben ab. Stecken Sie als Letztes eine Erdbeere an die Spitze.

3 Tragen Sie eine ganze Ananas auf, in die dekorativ einige Spieße gesteckt sind.

Zucchini „Zaragone“

Je Portion einschließlich Toast: 24 kcal • 1 g Protein • 1 g Fett • 4 g Kohlehydrate

Für 8 Personen

2 Zucchini
½ Tl. getrockneter Oregano
1 El. gehackte Frühlingszwiebel
½ Tl. Salz
¼ Tl. schwarzer Pfeffer
¼ Tl. Olivenöl
1 Tl. Essig
2 Tl. gehackte Korianderblätter
Petersilie zum Garnieren

1 Die Zucchini (mit Schale) waschen und raspeln.

2 Alle übrigen Zutaten hinzugeben und gut mischen.

3 Auf dünnen Viertelscheiben von getoastetem Vollkornbrot servieren. Mit Petersilie garnieren.

Gelbes Feines Moussé

Je Esslöffel: 8 kcal • 1 g Protein • 0 g Fett • 1 g Kohlehydrate

Zutaten für 22 Esslöffel

100 g Thunfisch aus der Dose, abgetropft und in kleinen Stücken
85 ml einfacher Magerjogurt
15 g Sellerie, fein gehackt
1 Apfel, entkernt und fein gehackt
1 große saure Gurke, fein gehackt
1 Tl. Zitronensaft
Prise Paprika
Prise schwarzer Pfeffer

1 Den Thunfisch in einer Schüssel mit der Gabel zerdrücken, bis eine glatte Masse entsteht.

2 Zuerst den Jogurt, dann die übrigen Zutaten einrühren.

3 Auf kleinen Brötchen servieren, garniert mit Petersilie und Tomatenschiffchen, oder als Dipp zu Rohkost. Man kann dies auch mit Kopfsalat hervorragend als Thunfischsalat reichen.

Hähnchenhappen orientalisch

Je Portion: 19 kcal • 4 g Protein • 0,5 g Fett • 0 g Kohlehydrate

Für 5 Personen

4 Hähnchenbrusthälften (etwa 750 g)
400 ml Wasser
2 El. natriumarme Sojasoße
1 El. Worcestersoße
225 g große frische Spinatblätter, geputzt und gewaschen
Römischer Salat
Pekingpüree (Seite 63)

1 Vom Hähnchenfleisch die Haut abziehen und überschüssiges Fett abschneiden.

2 Wasser, Sojasoße und Worcestersoße zusammen in eine große Bratpfanne geben und zum Kochen bringen. Das Hähnchen dazugeben, zudecken und 20 Minuten auf schwacher Hitze köcheln lassen bzw. so lange bis das Hähnchen gar ist.

3 Die Knochen entfernen und das Fleisch in 2,5 cm große Würfel schneiden.

4 Die Spinatblätter auf einen abgedeckten Dämpfeinsatz über siedendem Wasser geben. Zudecken und 1 Minute dämpfen.

5 Auf jedes Spinatblatt einen Hähnchenwürfel geben. Einmal rollen, dann die Seiten des Blattes einschlagen und den Hähnchenwürfel weiter einrollen. Das Spinatblatt mit einem Cocktailspieß befestigen.

6 Abdecken und gut durchkühlen. Mit Pekingpüree auf Salat servieren.

Knackige Rohkost

Je Portion: 21 kcal • 1 g Protein • 0 g Fett • 4 g Kohlehydrate

Um das Gemüse besonders ansprechend anzubieten, schneiden Sie es mit einem speziell ausgeformten Gemüseschneider:

Möhren, Sellerie, Zucchini
Streifen von grünem, gelbem und rotem Paprika
Blumenkohl- und Rosenkohlrosetten
Mangetout (Schneeerbsenschoten)
Partytomaten
Pilze

Arrangieren Sie das Gemüse dekorativ rund um eine Schüssel mit Dipp, Salatdressing, ungesüßtem Apfelmus, minimal gewürzt mit Zimt oder ölfreier Salsa.

Zwiebelvelouté

Je Esslöffel: 19 kcal • 2 g Protein • 0 g Fett • 3 g Kohlehydrate

Zutaten für 20 Esslöffel

1 Päckchen getrocknete Zwiebelsuppe
450 ml sehr fettarmer Jogurt

Die getrocknete Zwiebelsuppe mit dem Jogurt vermischen. Vor dem Servieren 2 Stunden kalt stellen.

Tomaten neapolitanisch

Je Portion einschließlich Toast: 21 kcal • 1 g Protein • 1 g Fett • 3 g Kohlehydrate

Für 8 Personen

2 Tomaten
½ Tl. getrockneter Oregano
1 El. gehackte Frühlingszwiebel
¼ Tl. schwarzer Pfeffer
¼ Tl. Olivenöl
1 Tl. Essig
Petersilie zum Garnieren

1 Die Tomaten kurz in heißes Wasser tauchen und die Haut abziehen. In Würfel schneiden.

2 Zu den übrigen Zutaten geben und gut mischen.

3 Auf dünnen Vollkornbrotscheiben servieren. Mit Petersilie garnieren.

Frischer Ricotta

Je Esslöffel: 10 kcal • 1 g Protein • 1 g Fett • 1 g Kohlehydrate

Zutaten für 16 Esslöffel

175 g magerer Schafskäse (Ricotta)
40 g süße Senfgurken

Den Ricotta mit den Senfgurken vermischen. Vor dem Servieren 2 Stunden kühlen.

Leichte Bewegungen

Es gibt keine Ausrede dafür, keine Gymnastik zu betreiben! Wir schulden es uns selbst, unseren Körper in Form zu halten, dafür unsere Geschmeidigkeit und Beweglichkeit zu erhalten, eine gute Haltung zu bewahren und unsere Problemzonen zu beachten. Wenn wir einfach die richtigen Übungen regelmäßig ausführen, hilft das unserem Körper sehr, mit seinem vollen Potential zu funktionieren und so gut wie möglich auszusehen. Wie sehr wir auch außer Form geraten sind, wir können in relativ kurzer Zeit wieder in Form sein. Die unansehnliche Cellulite hat Jahre gebraucht, um sich an unseren Hüften und Oberschenkeln zu bilden; wir können sie binnen Wochen beseitigen, wenn wir uns dem täglich nur für Minuten widmen und jede Woche mehrere längere Übungseinheiten genießen.

Die Übungen

Wenn Sie diesen leichten vierteiligen Übungsplan befolgen, werden Sie eine Veränderung an Ihrem Körper erleben:

1 Die **Pressometrie** mit isometrischen Bewegungen, die man überall und jederzeit ausführen kann, verleiht Schenkeln, Gesäß und Armen eine schnittige Linie.

2 Der tägliche Übungsablauf **Zwölf-Minuten-Wunder** wurde entwickelt, um die cellulitebelasteten Zonen umzuformen. Diese feinen, kontrollierten, nicht anstrengenden Bewegungen, denen die **Stromliniendehnungen** vorangehen, basieren auf Yoga und einzelnen Bewegungen aus dem Ballett.

3 Die **Oberschenkel-Schlankmacher** bieten ein besonderes Training für den Muskeltonus, das als Erweiterung des **Zwölf-Minuten-Wunders** 20 Minuten dauert. Um die besten Ergebnisse zu erzielen, führen Sie diese Übungsfolge mindestens zwei- bis dreimal pro Woche aus. Die Übungen basieren ebenfalls auf Yoga und Ballett und erzielen die schnellsten und wirksamsten Ergebnisse bei der Verbesserung Ihres Aussehens und der Eleganz in Ihrer Haltung und Bewegung.

4 Viele verschiedene **Aerobicübungen** werden beschrieben, so dass Sie ein Übungsprogramm zusammenstellen können, das sich zwei- bis dreimal pro Woche in Ihren Tagesplan integrieren lässt. Sie werden lernen, auf Ihren täglichen Gängen nicht nur zu laufen, sondern „mit Kraft zu laufen". Und Sie werden Zeit finden, das Tanzen, Springen, Seil springen, Rad fahren oder Schwimmen zu genießen.

Jede lange Reise beginnt mit dem ersten Schritt

Das Schwierigste beim Beginn eines jeden Übungsprogramms ist, sich selbst zum Anfangen zu motivieren. Wir haben alle einen vollen Kalender mit wenig oder gar keiner Freizeit. Mitglied in einer Gesundheitssportgruppe oder einem Fitnesscenter zu werden ist nicht nur unbequem und teuer, sondern auch peinlich, besonders dann, wenn Sie sich wegen Ihrer Cellulite schämen. Ich will Ihnen nicht davon abraten sich einer Gymnastikgruppe anzuschließen – ich möchte Ihnen nur eine sehr wirksame Übungsfolge vorstellen, die Sie gut zu Hause für sich allein üben können. Am besten hält man sich an einen Plan; üben Sie zu einer bestimmten Zeit, die Ihnen angenehm ist. Ich führe meine kurze tägliche Übungsfolge gleich morgens nach dem Aufstehen durch. Wenn Ihre Arbeit sehr zeitig beginnt oder Sie Kinder in die Schule bringen müssen, sollten Sie vielleicht mittags, am späten Nachmittag oder kurz vor dem Zubettgehen üben.

Im Gegensatz zu manch anderer Ansicht halte ich das Üben direkt vor dem Schlafen für nützlich, besonders, wenn man die folgenden Dehnübungen ausführt. Diese Übungen kurbeln Ihren Stoffwechsel an (mit zusätzlichem Nutzen während des Schlafens) und da Sie Ihnen helfen, zu entspannen, schlafen Sie besser. Und Sie werden spät am Abend immer Zeit für eine kurze Übungsfolge finden!

Um möglichst bald eine Veränderung an Ihrem Körper zu erleben, üben Sie:

Täglich: **Pressometrie**
Stromliniendehnung
Zwölf-Minuten-Wunder

Montags, mittwochs, freitags:
Oberschenkel-Schlankmacher

Dienstags oder donnerstags, sonnabends, sonntags:
Aerobic

Damit die Übungen Gesundheit und Energie verleihen, müssen sie zu einem festen Bestandteil Ihres Lebens werden. Bewegung hält jung; wenn Sie sich nicht ausreichend bewegen und dehnen, altert Ihr Körper vorzeitig. Indem Sie ein speziell auf Sie zugeschnittenes Programm zusammenstellen, machen Sie Ihre Übungsfolge zu einem erfreulichen und angenehmen Vergnügen! Schieben Sie es nicht noch einen Tag hinaus!

Positive Haltung

Haben Sie schon einmal Ihr Spiegelbild im Vorbeigehen in einem Fenster erblickt und festgestellt, dass Ihre Haltung schlaff war? Wenn Sie die Übungen ausführen, die Sie gleich lernen werden, wird das zum Glück nicht passieren! Dieser Ablauf verleiht Ihren Muskeln Tonus und hält Sie aufrecht ohne bewusste Anstrengung.

Machen Sie gleich ein Experiment. Stellen Sie sich im Profil in einem Badeanzug oder Gymnastikanzug vor den Spiegel. Ziehen Sie das Gesäß zusammen und den Bauch ein wie bei der **Hüftklammer** (siehe Seite 71). Sie erscheinen sofort schlanker. Diese angespannte Stellung korrigiert auch einen übermäßig nach innen gebogenen unteren Rücken. Das ist wichtig, besonders, wenn Sie hochhackige Schuhe tragen und Bauch und Po unvorteilhaft herausstehen. Den Bauch bewusst einziehen ist die beste Einzelübung, um den Unterleib abzuflachen. Diese isometrische Kontraktion, die Sie überall und zu jeder Zeit ausführen können, schlägt Hunderte täglicher Sit-Ups (Rumpfbeugen vorwärts)!

Nehmen Sie nun einen zweiten Spiegel, um Ihre Rückseite zu betrachten. Während Sie Ihren Po bei der **Hüftklammer** zusammenziehen, sehen Sie, dass die Seiten Ihrer Oberschenkel in einer glatteren Linie verlaufen und Ihr Po sich nach oben bewegt und dass Sie aussehen wie das „Danach"-Bild einer operativen Fettabsaugung – alles nur, weil Sie mit einer Beckenkontraktion aufrecht stehen.

Die Marionettenhaltungsregel

Das Geheimnis guter Haltung liegt darin, hoch aufgerichtet zu sitzen, zu laufen und zu stehen. Um dies mühelos zu erreichen, stellen Sie sich vor, dass Sie wie eine Marionette an einem Faden hängen, der oben an Ihrem Hinterkopf befestigt ist. Diese Vorstellung veranlasst Sie automatisch, Nacken, Schultern und Rücken ohne künstliche Verdrehung zu strecken. Ihre Schultern sind entspannt und ihre Brust hebt sich auf natürliche Weise. Wenn Sie sitzen, sacken Sie nicht gewohnheitsmäßig auf einer Seite zusammen (was die Muskeln auf einer Seite dehnen und auf der anderen Seite kontrahieren kann, wodurch eine Wirbelsäulenverkrümmung entsteht). Stattdessen verteilt sich Ihr Gewicht gleichmäßig auf Ihre Beckenknochen.

Denken Sie daran, dass die meisten von uns bis zu acht oder gar 14 Stunden am Tag sitzen – im Büro, im Auto oder in der Bahn, beim Essen, vor dem Fernseher. Ihre Haltung ist wichtig – um die Atmung zu verbessern, um die Energie zu erhöhen und um viel besser auszusehen.

Schauen Sie sich die Fotos rechts an, dann sehen Sie, wie viel besser Sie mit geradem Rücken und Schultern erscheinen, wenn Sie die **Marionettenhaltungsregel** befolgen.

Pressometrie

Sie können tatsächlich eine schlankere Linie für Schenkel und Gesäß erreichen, ohne von Ihren Routinetätigkeiten Zeit abzuknapsen oder sich teure Geräte zu kaufen. Diese Übungen sind sorgsam kontrollierte feine Bewegungen, die nicht schwierig sind und Spaß machen! Der besondere Vorteil dieser Pressometrie ist, dass Sie sie in Ihren Alltag einbauen können. Sie werden davon nicht müde; Sie können sie vielmehr zu jeder beliebigen Tageszeit anwenden, wenn Sie sich erschöpft und gelangweilt fühlen. Sie verleihen Ihnen Energie. Während Sie sich die Zähne putzen, duschen, die Haare trocknen, kochen, auf den Aufzug, Bus oder Zug warten, telefonieren, an Ihrem Schreibtisch arbeiten oder fernsehen, können Sie Ihren Körper wieder in Form bringen. Selbst während ermüdender Sitzungen oder im Stau sind muskelspannende **Pressometrie**-Übungen möglich. Sie können Freude und Energie gewinnen, wenn Sie sich der Herausforderung stellen, jede Übung über längere Zählzeiten auszuführen, als Sie beim vorhergehenden Mal erreicht haben. Diese Bewegungen werden Ihnen in Fleisch und Blut übergehen und zu einem festen Bestandteil Ihres Lebens werden – ebenso wie Ihr schlankes Äußere!

Tipps zur Pressometrie

1 Halten Sie anfangs jede Kontraktion so lange, bis Sie bis 10 gezählt haben. Steigern Sie nach und nach auf 30.

2 Beginnen Sie mit drei Wiederholungen jeder Kontraktion. Steigern Sie nach und nach auf 10 Wiederholungen bei jedem Mal.

3 Erhöhen Sie die Anzahl der Übungseinheiten, die Sie täglich ausführen, besonders solcher, die auf Ihre speziellen Problemzonen wirken.

4 Denken Sie an die Muskeln, während Sie sie zusammenziehen.

Hüftklammer

Die **Hüftklammer**, auch **Baucheinziehen** genannt, ist die leichteste und wirksamste Übung für die Straffung von Schenkeln und Gesäß. Sie ist möglicherweise die wirksamste Einzelübung zum „Verbrennen" der Cellulite.

1 Stellen Sie die Füße auf Schulterbreite auseinander und stützen Sie die Hände in die Hüften.

2 Spannen Sie Ihre Unterleibsmuskeln an und pressen Sie die Pobacken zusammen (kräftig!). Ihr Becken bewegt sich nach vorn, so dass Sie sofort dünner und straffer aussehen. Sie werden das Pressen auch an den Außen- und Innenseiten der Schenkel spüren.

3 Stellen Sie sich vor, Sie würden einen Bleistift zwischen den Pobacken einklemmen oder ein Blatt Papier zwischen den Oberschenkeln.

4 Halten Sie diese Kontraktion anfangs so lange bis Sie bis 10 gezählt haben, und arbeiten Sie sich nach und nach bis 30 vor.

Der Achilles-Tritt

Diese Dehnung ist besonders wichtig für Frauen, die häufig modische Absatzschuhe tragen, was zu einer Kontraktion der Achillessehne führt. Diese einfache Übung kann an jeder Treppe oder sogar auf einem großen Buch ausgeführt werden. Wenn Sie sie nur fünfmal täglich in Ihren Pausen wiederholen, werden Sie feststellen, dass der Umriss von Oberschenkeln und Gesäß schlanker wird.

1 Stellen Sie sich mit den Fußballen auf die Kante einer Stufe oder eines Buches und lassen Sie die Fersen über den Rand nach unten hängen. Stellen Sie sich aufrecht hin und ziehen Sie dabei das Gesäß fest zusammen und den Bauch wie bei der **Hüftklammer** ein. Wenn es Ihnen schwer fällt, Balance zu halten, stützen Sie sich an einem Geländer oder einem Schreibtisch ab. Halten Sie die Dehnung 20 Sekunden lang.

2 Halten Sie die Dehnung 20 Sekunden lang. Konzentrieren Sie sich auf die Zugspannung in Ihren hinteren Waden und Oberschenkeln und auf die Kontraktion von Po und Bauch. Senken Sie die rechte Ferse unter die Ebene, auf der Ihre Zehen stehen und heben Sie die linke Ferse an.

3 Senken Sie nun die linke Ferse unter die Ebene der Zehen und heben Sie die rechte Ferse an.

4 Wenn Sie die Balance wahren können, indem Sie sich an etwas festhalten, so wiederholen Sie die Übung mit beiden Füßen gleichzeitig.

Wiederholen: Beginnen Sie mit drei Wiederholungen, erst mit dem linken, dann mit dem rechten Fuß, dann folgen drei Wiederholungen mit dem Absenken beider Fersen. Erhöhen Sie auf zehn Wiederholungen links und rechts und zehn Wiederholungen mit beiden Füßen.

Latin-Lover-Beinheben

1 Stellen Sie sich gerade hin und stützen Sie sich möglichst mit einer Hand ab, zum Beispiel an einer Wand oder einem Stuhl.

2 Spannen Sie Po und Bauch wie bei der **Hüftklammer** an. Heben Sie das rechte Bein nach hinten und zur Seite an, so dass der Fuß mit gestreckten Zehenspitzen etwa 10 cm über dem Boden schwebt. Kontrahieren Sie bewusst die vorderen und hinteren Oberschenkelmuskeln, halten Sie die Stellung und zählen Sie bis 10.

Wiederholen: Mindestens dreimal, zuerst mit gestreckten Zehen wie oben, dann mit angezogenem Fuß; strecken Sie das Bein bis zur Ferse. Wieder holen Sie diese Streckung.

Variante: Bewegen Sie das angehobene Bein fast unmerklich nach oben und nach unten, wobei Sie die Zehen abwechselnd strecken und anziehen.

1

⇩ Barre im Seitwinkel ⇨

Diese Übung können Sie leicht zu Hause ausführen – während Sie Ihre Haare trocknen oder am Waschbecken im Badezimmer Make-up auflegen, in der Küche beim Spülen, sogar während Sie telefonieren. Die Übung ist toll sowohl für die Vorderseite und die Seiten Ihrer Oberschenkel als auch für den unteren Rücken. Wenn Sie diese Übung zum ersten Mal machen, stellen Sie sich ein stabiles Möbelstück vor, das Ihnen bis zu den Oberschenkeln reicht, z. B. vor einen Schreibtisch oder eine Kommode. Wenn Sie geübter werden, verwenden Sie eine höhere, taillenhohe Stütze, z. B. einen Toilettentisch, Esstisch, Ladentisch oder eine Sofa- oder Banklehne.

1 Heben Sie Ihr linkes Bein seitlich an und legen Sie die Ferse auf die Stütze.

2 Ziehen Sie den Fuß fünf Zählzeiten lang zum Körper hin an, strecken Sie ihn für fünf Zählzeiten, ziehen Sie ihn dann wieder fünf Zählzeiten lang an. Senken Sie das linke Bein.

Wiederholen: Heben Sie das rechte Bein.

Barre im Winkel nach vorn

1 Stellen Sie sich wie vorher eine Beinlänge von einer Stütze entfernt auf. Heben Sie Ihr linkes Bein nach vorn an und legen Sie die Ferse auf die Stütze. Lehnen Sie sich nach vorn und fassen Sie mit beiden Händen an die Ferse, um die Dehnung zu verstärken.

2 Beugen Sie sich noch weiter vor und versuchen Sie, mit der Stirn Ihre Kniekehle zu berühren. Ziehen Sie den Fuß für fünf Zählzeiten an, strecken Sie ihn für fünf Zählzeiten, ziehen Sie ihn dann wieder für fünf Zählzeiten an. Senken Sie das linke Bein.

Wiederholen: Heben Sie das rechte Bein.

⇨ Der unsichtbare Stuhl

Diese Übung lässt die Zeit am Telefon zu einer Superübungseinheit für den Muskeltonus werden – Sie müssen einfach auf einem unsichtbaren Stuhl sitzen!

1 Lehnen Sie sich mit dem Rücken an eine Wand, drücken Sie Ihre Wirbelsäule flach an die Wand, während Sie wie bei der **Hüftklammer** den Bauch einziehen und den Po zusammenpressen.

2 Halten Sie die Knie geschlossen und senken Sie Ihren Körper an der Wand entlang ab, bis Ihre Knie einen Winkel von 135°–90° haben. (Je besser Sie werden, umso tiefer können Sie sitzen, mit einem Kniewinkel von 90°C, wie im Bild zu sehen ist.) Sie sitzen nun auf einem unsichtbaren Stuhl!

3 Bleiben Sie mindestens 20 Sekunden lang so; arbeiten Sie sich bis auf eine ganze Minute vor.

Wiederholen: 3-mal; bis auf 5-mal erhöhen.

⇨ Die unsichtbare Bank

1 Lehnen Sie sich mit dem Rücken an eine Wand und stellen Sie Ihre Füße schulterbreit auseinander. (Wenn Sie immer besser werden, können Sie Ihre Knie 15 cm breiter stellen als die Schultern.) Drücken Sie Ihre Wirbelsäule flach an die Wand, während Sie wie bei der **Hüftklammer** den Bauch einziehen und das Gesäß zusammenpressen.

2 Senken Sie Ihren Körper an der Wand entlang ab, bis Ihre Knie einen Winkel von 135°–90° haben. Sie sitzen nun auf einer unsichtbaren Bank! Je besser Sie werden, umso tiefer können Sie sitzen, mit einem Kniewinkel von 90°C, wie im Bild zu sehen ist.

3 Bleiben Sie mindestens 20 Sekunden lang so; arbeiten Sie sich bis auf eine ganze Minute vor.

Wiederholen: 3-mal; bis auf 5-mal erhöhen.

Den Ball zerdrücken

Dies ist die beste Einzelübung, die Sie für die Innenseite Ihrer Oberschenkel ausführen können. Ein Spielzeugball eignet sich am besten für diese Übung, da man ihn zusammendrücken kann; er sollte einen Durchmesser von 10–15 cm haben. Bewahren Sie ihn einfach dort auf, wo Sie gewöhnlich sitzen.

1 Setzen Sie sich gerade auf die Stuhlkante. Nehmen Sie bei geschlossenen Füßen den Ball zwischen die Knie und halten Sie ihn an dieser Stelle, indem Sie mit den Schenkelinnenseiten Druck ausüben.

2 Pressen Sie den Ball so stark Sie nur können zusammen und fühlen Sie die Anspannung der Innenseiten Ihrer Oberschenkel.

3 Halten Sie die Stellung für zehn Zählzeiten, entspannen Sie dann, aber halten Sie den Ball weiterhin fest.

Wiederholen: Mindestens 3-mal.

Sattelkampf

1 Setzen Sie sich vorn und nahe der rechten Ecke auf einen Stuhl ohne Armlehnen. Ergreifen Sie mit ausgestreckten Armen die Unterseite oder Rücklehne des Stuhles auf beiden Seiten.

2 Stellen Sie Ihren linken Fuß flach vor den Stuhl, ein wenig zur rechten Seite hin. Heben Sie das rechte Bein entlang der rechten Stuhlseite mit gebeugtem Knie nach hinten an, so dass der Unterschenkel fast parallel zur Stuhlkante steht.

3 Halten Sie den Rücken gerade, schieben Sie das Becken nach vorn und stellen Sie sich vor, dass Sie mit dem Knie zum Boden zeigen und den Fuß zur Decke heben wollen.

4 Bewegen Sie ihr rechtes Knie vorsichtig etwa 7,5 cm nach hinten. Halten Sie diese Stellung für zehn Zählzeiten und gehen Sie dann in die Ausgangsposition zurück. Die Bewegung ist sehr klein und sollte sanft ausgeführt werden.

Wiederholen: 3-mal; setzen Sie sich dann an die vordere linke Ecke des Stuhles und wiederholen Sie mit dem linken Bein.

Schwebende Anregung

Von Joan Crawford wird behauptet, dass sie diese Übung für die Dauer einer ganzen Mahlzeit aussitzen konnte!

1 Setzen Sie sich auf Ihrem Stuhl nach vorn, so dass Sie die Lehne nicht berühren. Halten Sie die Beine mit gebeugten Knien geschlossen, die Füße flach auf dem Boden.

2 Heben Sie nun die Füße etwa 7,5 cm vom Boden ab. Halten Sie den Rücken gerade und versuchen Sie, die Arme so zu entspannen, dass die Muskelspannung nur im Gesäß und in den Oberschenkeln stattfindet. Diese Übung kräftigt auch Ihre Unterleibsmuskeln, so dass der Bauch flacher wird.

3 Halten Sie diese Stellung mindestens fünf Zählzeiten; versuchen Sie dann, sich auf zehn hochzuarbeiten.

Wiederholen: 3-mal.

Schwebende Entspannung

Dies ist eine Variante der **Schwebenden Anregung**, mit der Joan Crawford so erfolgreich Termine oder Gesellschaftsessen in Übungsstunden verwandelte.

1 Setzen Sie sich bequem auf einen Stuhl. Schlagen Sie das linke Bein über das rechte und drücken Sie Knie und Knöchel des linken Beines auf das rechte. Pressen Sie die Unterschenkel zusammen. Spüren Sie die Spannung Ihrer Oberschenkelmuskeln! Zählen Sie in dieser Stellung bis zehn.

2 Strecken Sie die Beine, immer noch übereinander geschlagen, gerade vor sich aus. Drücken Sie wieder für zehn Zählzeiten Knie und Knöchel zusammen.

Wiederholen: Üben Sie mit der anderen Seite, indem Sie das rechte Bein über das linke Bein schlagen.

⇦ Schwebende Biegespannung

1 Setzen Sie sich bequem auf einen Stuhl, die Füße flach auf dem Boden. Ziehen Sie den Bauch ein und pressen Sie den Po fest zusammen. Lassen Sie das linke Fußgelenk angewinkelt, heben Sie das linke Bein und strecken Sie es vor sich aus. Pressen Sie die Knie zusammen und konzentrieren Sie sich auf die Innenseiten der Schenkel. Halten Sie den linken Fuß angewinkelt für fünf Zählzeiten, dann ausgestreckt für fünf, dann wieder angewinkelt für fünf Zählzeiten. Senken Sie das linke Bein zum Boden. Wiederholen Sie das Ganze mit dem rechten.

2 Strecken Sie beide Beine vor sich aus. Pressen Sie die Knie zusammen und konzentrieren Sie sich auf die Innenseiten der Oberschenkel.

3 Halten Sie die Stellung mit angewinkelten Fußgelenken für fünf Zählzeiten, ausgestreckt fünf, dann wieder angewinkelt fünf.

4 Senken Sie beide Beine wieder zum Boden.

⇩ Kniescheibenkuss

Das ist eine leichte, aber wirksame Übung, gut geeignet, wenn Sie auf engem Raum sitzen wie im Zug oder im Flugzeug oder beim Telefonieren. Achten Sie darauf, dass der Stuhl, auf dem Sie sitzen, nicht zu hoch ist; Sie sollten so sitzen, dass Ihre Füße flach auf dem Boden stehen.

1 Sitzen Sie aufrecht mit geschlossenen Knien und leicht gespreizten Füßen. Pressen Sie die Knie zusammen und fühlen Sie die Spannung an den Innenseiten der Schenkel. Spannen Sie gleichzeitig die Bauch- und Gesäßmuskeln an wie bei der **Hüftklammer** (siehe Seite 71).

2 Für zehn Zählzeiten halten, dann entspannen.

Wiederholen: Mindestens 3-mal.

⇧ Anheben am Fahrstuhl

1 Stellen Sie sich mit angespanntem Becken in der **Hüftklammer**-Stellung auf (siehe Seite 71), die Fersen etwa 15 cm auseinander und die Zehen diagonal nach außen gedreht. Heben Sie die Fersen und stützen Sie sich bei Bedarf ab, indem Sie sich leicht an der Wand festhalten. Konzentrieren Sie sich auf die Muskelspannung auf Vorder- und Innenseiten der Oberschenkel. Halten Sie die Stellung für zehn Zählzeiten und gehen Sie dann in die Anfangsstellung zurück.

2 Stellen Sie die Zehen zusammen und drehen Sie die Fersen nach außen. Heben Sie die Fersen für zehn Zählzeiten. Konzentrieren Sie sich auf die Muskelspannung auf der Hinterseite der Oberschenkel.

3 Stellen Sie die Füße so, dass die Zehen nach vorn zeigen. Heben Sie die Fersen, zählen Sie bis zehn und konzentrieren Sie sich auf die Muskelspannung seitlich und hinten in den Oberschenkeln.

Wiederholen: 3-mal mit nach außen gedrehten Zehen, 3-mal mit nach innen gedrehten Zehen, 3-mal mit den Zehen nach vorn.

⇩ Torsodrehen

Diese Übung verbessert Ihre Haltung und macht Ihre Oberarme schlank. Auch Ihre Oberschenkel werden geformt.

1 Setzen Sie sich aufrecht auf einen Stuhl und schlagen Sie das linke Bein über das rechte Knie.

2 Strecken Sie Ihren linken Arm geradeaus und drücken Sie die Rückseite Ihrer linken Hand gegen Ihr linkes Knie (Handfläche nach innen).

3 Drehen Sie sich so weit Sie können aus der Hüfte heraus nach rechts und legen Sie dabei Ihren rechten Unterarm auf die Rücklehne Ihres Stuhles. Drehen Sie den Kopf so weit wie möglich, um über die rechte Schulter zu sehen. Konzentrieren Sie sich darauf, Ihre Oberschenkel nach rechts zu schieben, während Sie mit dem Handrücken nach links drücken. Zählen Sie bis zwanzig.

Wiederholen: Zur anderen Seite.

⇩ Flügelschlagen

1 Verschränken Sie die Finger hinter dem Kopf und spreizen Sie die Ellbogen seitlich ab.

2 Schieben Sie Ihre Oberarme vorsichtig nach hinten, als sollten sich Ihre Schulterblätter berühren. Zählen Sie bis zehn.

Wiederholen: 3-mal.

Kräftiges Handflächendrücken

Am Anfang sollte dies vor einem Spiegel ausgeführt werden, der Ihnen die Kontrolle darüber ermöglicht, ob Sie sowohl Ihren Bizeps als auch den Trizeps richtig betätigen. Später können Sie die Übung überall ausführen – an der Ampel im Auto, beim Fernsehen oder beim Anstehen in der Schlange.

1 Stehen oder sitzen Sie mit angespanntem Gesäß und Unterleib wie bei der **Hüftklammer**.

2 Heben Sie die Arme vor dem Körper auf Schulterhöhe und pressen Sie die Handflächen zehn Zählzeiten lang aneinander. Sie werden die Anspannung in den Oberarmen spüren.

Wiederholen: 3-mal.

Stromlinien-Dehnungen

Stellen Sie sich vor, wie sich eine Katze nach dem Erwachen dehnt. Dehnung erleichtert den Übergang von der Ruhe zur Bewegung. Dehnung ist auch die beste Methode, Ihren Körper wieder in Form zu bringen, um das Auftreten von Cellulite zu verhindern. Werden die Muskeln und die darüber liegende Fettschicht verlängert, so wird bei Cellulite die unregelmäßige Oberfläche der Haut glatter. Baut man dagegen Muskeln auf, dann verschlimmert sich das Aussehen der Cellulite durch zwei Ursachen: Durch Volumenzunahme und durch Druck gegen die darüber liegende Cellulite, wodurch die grübchenartige Oberfläche betont wird.

Die **Stromlinien-Dehnungen**, die Sie gleich kennen lernen werden, dienen nicht nur der Vorbereitung Ihrer Gelenke auf anstrengendere Übungen, sondern verbessern auch direkt Ihre Haltung und verleihen Ihnen einen schlankeren, strafferen Umriss. Wenn Sie diese **Stromlinien-Dehnungen** ausführen, bewegen Sie sich langsam in die Dehnungsposition, halten Sie diese anfangs für zehn Zählzeiten und erhöhen Sie die Zählzeiten täglich, wenn Sie keine Spannung verspüren. Dies nennt man „statische Dehnung". Im Idealfall kann man seine Beweglichkeit verbessern, indem man die Muskeln bei jeder Dehnung so weit wie problemlos möglich ausdehnt. Denken Sie jedoch daran, dass beim Dehnen nicht gilt „je mehr es weh tut, desto besser". Richtig ausgeführt ist Dehnung richtig angenehm!

Eine Alternative zum Halten der Dehnung ist das sanfte Federn. Vermeiden Sie es jedoch, durch ungebremsten Schwung (statt durch Muskelsteuerung) in die gedehnte Position und wieder heraus zu schwingen, um die Ausgangshaltung einzunehmen. Dabei fehlt die Kontrolle, wodurch Muskelschäden entstehen und das könnte die Kontinuität Ihrer Fortschritte unterbrechen.

Tipps zum Dehnen

1. Die Dehnbewegung sollte flüssig, langsam, maßvoll und kontrolliert sein.
2. Dehnen Sie nie über das Ihnen angenehme Maß hinaus. Mit jeder Wiederholung und jeder Übungseinheit werden Sie beständig und leicht Ihren Dehnungsgrad erweitern.
3. Konzentrieren Sie sich! Denken Sie an jeden Muskel, während Sie ihn dehnen.
4. Üben Sie anfangs vor dem Spiegel, bis Sie sich der richtigen Haltung sicher sind.
5. Halten Sie jede Dehnung für zehn Zählzeiten. Erhöhen Sie die Zählzeiten täglich, wenn die Dehnung für Sie angenehm ist.
6. Wiederholen Sie die Dehnungen mindestens dreimal. Da der Ausfallschritt (Seiten 110 bis 112) eine so wirkungsvolle Übung für die Außen- und Innenseiten der Oberschenkel ist, sollten alle Varianten des Ausfallschrittes nach jeder Seite fünfmal wiederholt und danach nochmals eine Serie auf jeder Seite ausgeführt werden.
7. In diesem Kapitel werden viele verschiedene Dehnübungen beschrieben. Sie sollten alle ausprobieren und dann diejenigen auswählen, die Sie am besten erfrischen und die Dehnung Ihres gesamten Körpers zu maximieren scheinen.
8. Zusätzlichen Nutzen bringt es, wenn Sie nach dem **Zwölf-Minuten-Wunder**, den **Oberschenkel-Schlankmachern** und **Aerobicübungen** nochmals Dehnübungen ausführen.

Das „V“

1 Setzen Sie sich auf den Boden und spreizen Sie die Beine mit angewinkelten Fußgelenken so weit wie möglich zu einem „V“. Halten Sie den Rücken gerade, lehnen Sie sich mit ausgestreckten Armen nach vorn und berühren Sie Ihre Knöchel innen. Drücken Sie die Knöchel so weit wie möglich auseinander. Halten Sie die Stellung für zwanzig Zählzeiten, danach setzen Sie sich auf.

2 Legen Sie Ihre rechte Handfläche so weit rechts wie möglich auf den Boden und heben Sie den linken ausgestreckten Arm so weit nach rechts wie möglich über den Kopf. Schieben Sie Ihr linkes Bein so weit wie möglich nach links. Konzentrieren Sie sich auf die Dehnung in beiden Oberarmen und an der Vorderseite Ihres linken Oberschenkels. Halten Sie die Stellung für zwanzig Zählzeiten.

Wiederholen: Den rechten Arm nach links strecken.

⇧ Den Mast aufrichten I

1 Setzen Sie sich mit parallel ausgestreckten Beinen und angewinkelten Fußgelenken hin.

2 Heben Sie das rechte Bein gestreckt in die Höhe und umfassen Sie das Fußgelenk ganz mit beiden Händen. Lassen Sie das linke Bein gestreckt am Boden.

3 Ziehen Sie das rechte Bein sanft mit den Händen in Richtung Schulter, während Sie mit dem ausgestreckten Bein dagegendrücken. Konzentrieren Sie sich auf die Dehnung an der Rückseite des Oberschenkels.

4 Winkeln Sie beide Füße an und halten Sie die Stellung für fünf Zählzeiten, strecken Sie beide Füße für fünf und ziehen Sie beide wieder für fünf Zählzeiten an.

Wiederholen: Mit dem linken Bein.

⇩ Den Mast aufrichten II

Diese Variante der Übung wirkt auch auf die Bauchmuskeln.

1 Legen Sie sich mit parallel ausgestreckten Beinen und angespannten Bauchmuskeln auf den Rücken. Beginnen Sie mit angezogenen Füßen.

2 Heben Sie das rechte Bein gerade nach oben und umfassen Sie mit beiden Händen das Fußgelenk von hinten. Lassen Sie das linke Bein ausgestreckt am Boden und halten Sie den Rücken gerade und Kopf und Schultern am Boden.

3 Ziehen Sie das rechte Bein in Richtung Schulter, während Sie mit dem ausgestreckten Bein gegen die Hände drücken. Konzentrieren Sie sich auf die Dehnung an der Rückseite des Oberschenkels und auf Ihren angespannten Unterleib. Halten Sie den Rücken gerade.

4 Ziehen Sie beide Füße an und halten Sie die Stellung für fünf Zählzeiten, strecken Sie beide Füße für fünf und ziehen Sie beide wieder für fünf Zählzeiten an.

5 Legen Sie langsam das rechte Bein ab.

Wiederholen: Das linke Bein heben.

Variante: Wenn Sie sich an diese Dehnung gewöhnt haben, heben Sie bei geradem Rücken Kopf und Schultern vom Boden ab und versuchen Sie mit der Stirn Ihr angehobenes Knie zu berühren. Dies ist hervorragend geeignet, Ihren Unterleib zu festigen.

⇩ Abdrehen

1 Setzen Sie sich mit parallel ausgestreckten Beinen und geradem Rücken auf den Boden. Ziehen Sie das rechte Bein an und stellen Sie den rechten Fuß über das linke Bein hinweg, so, dass er die Außenseite des linken Knies berührt.

2 Strecken Sie den rechten Arm aus und drücken Sie mit dem rechten Ellbogen gegen die Innenseite Ihres rechten Knies. Lassen Sie das linke Knie gerade und den linken Fuß angezogen.

3 Drehen Sie Ihren Oberkörper so weit Sie können aus der Hüfte nach links und legen Sie dabei die linke Hand mit der Handfläche nach unten hinter sich auf den Boden. Drehen Sie den Kopf und schauen Sie so weit wie möglich über Ihre linke Schulter, so dass die Dehnung maximiert wird. Konzentrieren Sie sich darauf, Ihren rechten Oberschenkel nach links zu schieben, während Sie mit dem Ellbogen nach rechts drücken. Halten Sie die Stellung für zwanzig Zählzeiten.

Wiederholen: Nach der anderen Seite drehen.

Twist

Diese Oberarmdehnung sieht vielleicht anfangs schwierig aus; versuchen Sie es trotzdem immer wieder. Selbst wenn Sie es nicht schaffen, dass sich die Fingerspitzen berühren, konzentrieren Sie sich auf die Dehnung in den Oberarmen. Es kann helfen, wenn jemand Sie beim Einnehmen der Stellung unterstützt, indem er oder sie Ihre Hände zusammenschiebt. Mit etwas Übung werden Sie die Dehnung schaffen! Dann können Sie die Übung überall ausführen. Sie ist ein wahrer Energiespender, denn sie weitet Ihre Lunge und verbessert Ihre Haltung, indem sie Ihren Rücken aufrichtet.

1 Setzen Sie sich auf den Boden oder auf eine Stuhlkante oder stehen Sie mit geradem Rücken in der **Hüftklammer**-Stellung (Seite 71) mit angespanntem Unterleib und Po.

2 Winkeln Sie Ihren linken Arm hinter dem Rücken an und führen Sie die linke Hand mit der Rückseite an der Wirbelsäule entlang nach oben, bis sie so weit oben wie möglich zwischen den Schulterblättern liegt.

3 Führen Sie den rechten Arm über die Schulter und ergreifen Sie wenn möglich Ihre Fingerspitzen. Selbst wenn Sie die Finger nicht ganz berühren, konzentrieren Sie sich auf die Dehnung Ihrer Oberarme. Zählen Sie bis zehn und lösen Sie dann die Arme.

Wiederholen: Zur anderen Seite, mit dem linken Arm oben.

Der Jungbrunnen

Diese Dehnungsübung ist anfangs ziemlich schwierig, aber wenn Sie täglich üben (und sich, falls nötig, an einem Gegenstand abstützen), werden Sie bald diese hervorragende Ganzkörperdehnung schaffen und Ihr Gleichgewicht verbessern, so dass Sie die Stellung ohne Stütze bis zu einer Minute lang halten können.

1 Stellen Sie sich auf das rechte Bein. Winkeln Sie das linke Bein nach hinten an und ergreifen Sie mit der linken Hand von innen das linke Fußgelenk.

2 Heben Sie langsam den linken Fuß und drücken Sie dabei das Bein gegen den Widerstand Ihrer linken Hand genau nach hinten. Versuchen Sie, Ihren linken Fuß hinter sich auf Schulterhöhe hochzuziehen. Halten Sie die Hüften gerade und den Fuß ausgestreckt. Während Sie den Fuß hochbringen, strecken Sie Ihren rechten Arm vor sich mit angewinkelter Hand nach oben und schieben Sie sie langsam Richtung Zimmerdecke. Lassen Sie den Blick ihren Fingerspitzen folgen. Versuchen Sie, diese Stellung mindestens 10 Sekunden lang zu halten. Wenn Sie anfangs Schwierigkeiten beim Ausbalancieren haben, halten Sie sich mit der ausgestreckten rechten Hand an einer Schreibtischplatte oder einem Geländer fest und heben Sie den Kopf, um den Blick zur Decke zu richten. Konzentrieren Sie sich auf die Dehnung an der Vorderseite Ihres linken Oberschenkels, in Ihrem rechten Oberarm und Ihrem Hals. Lösen Sie die Stellung.

Wiederholen: Das rechte Bein heben.

Das Zwölf-Minuten-Wunder

Diese Übungsfolge wurde teilweise nach der uralten, die Gesundheit fördernden Kunst des Hatha-Yoga entwickelt, die durch Dehnungstechniken Haltung und Muskeltonus verbessert. Indem er auf Muskeln und richtige Atmung zielt, verbessert Yoga die Konzentration und erhöht die Energie. Das **Zwölf-Minuten-Wunder** basiert auch auf Ballettbewegungen.

Warum Yoga und Ballett? Weil Balletttänzerinnen und Frauen, die Yoga praktizieren, keine Cellulite haben! Das Fett, das für die grübchenartige Erscheinung der Cellulite verantwortlich ist, sitzt genau unter der Haut und über dem Muskel. Übungen zum Bodybuilding vergrößern die Muskelmasse, wodurch der Druck auf die Fettpäckchen im Bindegewebe verstärkt und die wellige Cellulite deutlicher sichtbar wird. Übungen, die die Muskeln und Sehnen dehnen, dehnen auch das darüber liegende Fett, so dass das schrumpelige Aussehen verschwindet.

Glauben Sie nicht, dass Sie nicht die Beweglichkeit oder Balance besitzen, um es mit Yoga oder Ballett versuchen zu können. Diese Bewegungen sind einfach und graziös. Arbeiten Sie mit Ihrem eigenen Tempo. Dies ist kein Wettbewerb; Sie müssen die Zähne nicht zusammenbeißen. Es gibt einen Gewinn ohne Schmerzen! Diese Übungen sind friedlich und entspannend. Nach Ihren Übungseinheiten werden Sie sich erfrischt und glücklich fühlen und Sie werden stolz auf Ihre täglichen Fortschritte sein.

⇩ Zutreten

1 Stellen Sie sich mit geschlossenen Fersen und bequem nach außen gedrehten Zehen auf. Halten Sie sich mit der linken Hand leicht an einer hüfthohen Stütze fest, etwa an einem Schreibtisch oder der Lehne eines stabilen Stuhles.

2 Winkeln Sie das rechte Bein mit gestreckten Zehenspitzen und nach außen zeigendem Knie an, bis die Zehen die Innenseite Ihres linken Knies berühren. Halten Sie den Rücken gerade und ziehen Sie den Po in der **Hüftklammer** zusammen, wobei Sie Ihr rechtes Knie, so weit es Ihnen bequem möglich ist, nach hinten drücken. Mit etwas Übung werden Sie die Außendrehung Ihres Knies vergrößern können. Überanstrengen Sie sich nicht.

3 Strecken Sie Ihr rechtes Bein gerade zur Seite aus, ohne die Hüften zu bewegen (siehe Foto unten). Drehen Sie den gestreckten Fuß etwas, so dass die Ferse leicht nach vorn zeigt. Zählen Sie bis fünf.

4 Drehen Sie nun Ihr rechtes Bein, so dass die Ferse leicht nach hinten zeigt. Zählen Sie bis fünf.

5 Winkeln Sie den Fuß für fünf Zählzeiten an und strecken Sie ihn dann wieder für fünf Zählzeiten.

6 Bringen Sie Ihr ausgestrecktes Bein wieder nach innen zur Position in Schritt 2 und heben Sie Ihr gebeugtes (rechtes) Knie leicht an und maximieren Sie die Außendrehung des Knies; halten Sie die Stellung für fünf Zählzeiten, bevor Sie in die Ausgangsstellung zurückkehren.

Wiederholen: Fünf rechts, fünf links.

Varianten:

1 Nachdem Sie Ihre Ferse zur Wand vor Ihnen gedreht haben, drehen Sie sie zur Wand hinter Ihnen und halten Sie die Stellung für fünf Zählzeiten, zuerst mit gestreckten Zehen, dann angewinkelt, dann wieder gestreckt. Wenn es Ihnen angenehm ist, tragen Sie Gelenkgewichte von ½–2 kg Gewicht.

Feder nach oben und unten

1 Stellen Sie sich mit mehr als schulterbreit gespreizten Füßen, gebeugten Knien und diagonal nach außen gedrehten Zehen auf. Halten Sie die Hände hinter dem Kopf.

2 Beugen Sie die Knie, so dass Ihre Oberschenkel so weit wie möglich horizontal stehen; halten Sie dabei die Fersen am Boden und das Gesäß in der **Hüftklammer**-Stellung angespannt. Halten Sie die Stellung für fünf Zählzeiten. Lassen Sie das Gesäß nie unter die Ebene Ihrer Knie sinken. Entspannen Sie und erheben Sie sich dann für fünf Zählzeiten auf die Zehenspitzen, wobei Po und Oberschenkel angespannt bleiben.

3 Gehen Sie wieder in die Ausgangsposition. Beugen Sie sich aus der Hüfte heraus nach der Seite zu Ihrem rechten Knie. Zählen Sie bis fünf. Richten Sie sich dann wieder auf und beugen Sie sich nach links, halten Sie die Stellung für fünf Zählzeiten.

Wiederholen: 5-mal.

⇩ Schenkelhoher Rücktritt

1 Knien Sie sich auf den Boden, die Knie etwas gespreizt, so dass sie unter den Hüftknochen stehen, und die Ellbogen gestreckt. Ziehen Sie den Po in der **Hüftklammer**-Stellung zusammen (siehe Seite 71); lassen Sie weder Rücken noch Nacken durchhängen.

2 Heben Sie Ihr angewinkeltes rechtes Bein nach hinten hoch, so dass vom Kopf bis zum Knie eine gerade Linie entsteht. Heben Sie die Zehe zur Zimmerdecke. Zählen Sie bis fünf.

3 Ziehen Sie den Fuß an und heben Sie die Ferse zur Decke; halten Sie die Stellung für fünf Zählzeiten. Strecken Sie die Zehen wieder für fünf Zählzeiten.

4 Wiederholen Sie dies mit gestreckten Zehen.

Wiederholen: 5-mal rechts, 5-mal links.

⇨ Schenkelhohe Seitenstreckung

1 Knien Sie mit allen Vieren am Boden, die Knie etwas gespreizt, so dass sie unter dem Hüftknochen stehen und die Arme direkt unter den Schultern mit entspannten Ellbogen, nicht durchgestreckt. Spannen Sie Bauch und Po in der **Hüftklammer**-Stellung (siehe Seite 71) an. Heben Sie das rechte Bein mit angewinkeltem Knie zur Seite an, so dass der Oberschenkel parallel zum Boden steht.

2 Strecken Sie das angewinkelte Bein, ohne die Hüften zu bewegen, zur Seite aus. Dehnen Sie aktiv weiter mit gestreckten Zehen.

3 Drehen Sie mit feinen Bewegungen das Bein so, dass die Fußsohle zuerst zur Decke zeigt, dann zum Boden. Diese Drehung dehnt Ihre Oberschenkelmuskeln sehr wirkungsvoll.

4 Wiederholen Sie Dehnung und Drehungen mit angewinkeltem Fuß, dann wieder mit gestreckten Zehen.

5 Kehren Sie zur Stellung mit erhobenem, angewinkeltem Bein zurück (siehe Foto rechts), dann zur Ausgangsstellung.

Wiederholen: 5-mal rechts, 5-mal links.

Variation: Wenn Sie sich damit wohl fühlen, tragen Sie Gewichte von ½ – 2 kg an den Fußgelenken. Überanstrengen Sie sich nicht.

1

2

⇦ Metronom

1 Legen Sie sich mit seitlich ausgestreckten Armen und gestreckten Zehen auf den Rücken. Heben Sie Ihr rechtes Bein und strecken Sie die Zehen, als wollten Sie die Decke berühren. Winkeln Sie den Fuß an und dehnen Sie das Bein nach oben, als wollten Sie die Decke mit der Ferse berühren. Strecken Sie dann wieder die Zehen und dehnen Sie das Bein.

2 Bewegen Sie dann das rechte Bein über den Körper hinweg zur linken Hand. Tippen Sie dreimal mit den gestreckten Zehen neben der Hand auf den Boden, dann mit der Ferse (bei angewinkeltem Fuß) und wieder mit den gestreckten Zehen.

3 Gehen Sie wieder in die Stellung mit nach oben gestrecktem Bein in Schritt 1 zurück, strecken Sie den Fuß, winkeln Sie ihn an und strecken Sie ihn wieder wie vorher, bevor Sie in die Ausgangsstellung zurückkehren.

Wiederholen: 5-mal rechts, 5-mal links.

⇧ Beckenschub

1 Legen Sie sich mit leicht gespreizten und angewinkelten Beinen hin, die Füße etwa hüftbreit auseinander und flach auf den Boden gestellt. Zur Unterstützung legen Sie die Arme mit etwas Abstand neben den Körper, die Handflächen flach am Boden.

2 Heben Sie das Becken, bis sich von den Knien bis zu den Schultern eine gerade Linie bildet.

3 Nehmen Sie nun die angespannte Haltung der **Hüftklammer** ein (siehe Seite 71) und heben Sie vorsichtig das Becken an. Für zehn Zählzeiten halten, dann auflösen. 5-mal wiederholen.

4 Bringen Sie in der angespannten **Hüftklammer**-Stellung die Knie zusammen und zählen Sie bis zehn. Sie werden die Spannung an den Innenseiten der Oberschenkel spüren.

Wiederholen: 5-mal.

⇩ Bodengleiter

1 Legen Sie sich mit ausgestreckten Beinen (geschlossen oder gespreizt) auf den Bauch und strecken Sie die Arme nach den Seiten mit den Handflächen nach unten aus.

2 Heben Sie Brust und Arme so hoch wie möglich. Sie sollten genau nach vorn sehen. Stellen Sie sich vor, dass Sie wie ein Schwan das Wasser durchschneiden oder wie eine schnittige Möwe dahingleiten. Zählen Sie bis fünf.

3 Senken Sie Brust und Arme etwas und heben Sie beide Beine so hoch wie möglich. Zählen Sie so bis fünf.

Wiederholen: 3-mal.

Variante: Heben Sie Brust, Arme und Beine gleichzeitig und halten Sie die Stellung für fünf Zählzeiten (siehe Foto unten). Üben Sie dies nur, wenn die Stellung für Sie nicht unangenehm ist.

Winkzeichen

1 Stellen Sie sich aufrecht hin und spannen Sie das Becken zur **Hüftklammer** an (siehe Seite 71) oder setzen Sie sich auf Ihre Füße wie im Foto zu sehen. Heben Sie den linken Arm gerade nach oben und winkeln Sie den Ellbogen an, so dass die Handfläche das linke Schulterblatt berührt (siehe Foto ganz links). Drücken Sie die rechte Hand, deren Handfläche nach vorn gerichtet ist, gegen den linken Ellbogen und schieben Sie den Ellbogen für zehn Zählzeiten nach hinten. Sie werden die Dehnung im Trizeps spüren.

2 Strecken Sie den linken Arm gerade nach oben, die Handfläche weiterhin nach vorn gerichtet. Dehnen Sie nach oben für zehn Zählzeiten und gehen Sie dann in die Ausgangsstellung zurück

3 Wiederholen Sie Schritt 2 mit gedrehtem Arm, so dass die linke Handfläche nach hinten zeigt.

Wiederholen: 5-mal die linke Hand heben, dann 5-mal die rechte.

Fröhliche Hundert

1 Ziehen Sie stützende Laufschuhe an und laufen Sie 100 Schritte auf der Stelle. Heben Sie dabei die Knie hoch und lassen Sie die Arme schwingen. Landen Sie mit gebeugten Knien auf den Fußballen und lassen Sie die Fersen den Boden berühren.

Variante: Machen Sie den Hampelmann oder werfen Sie die Beine wie beim Cancan, springen Sie oder gehen Sie energisch auf der Stelle; lassen Sie die Arme dabei schwingen und spannen Sie den Unterleib fest in der **Hüftklammer** an.

Oberschenkel-Schlankmacher

Bei dieser Übungsfolge handelt es sich um eine Erweiterung des **Zwölf-Minuten-Wunders** und um ein besonderes Muskeltonustraining, das etwa 20 Minuten dauert. Ich empfehle Ihnen dieses Training mindestens dreimal pro Woche zu praktizieren. Mit diesen Übungen können Sie Ihren Körper so formen, dass Sie die strengste aller Prüfungen bestehen – die „Spiegelreaktion". Das eigentliche Maß für Ihr Aussehen sind nicht Ihr Gewicht oder die Fettprozente oder Zentimeter, sondern einzig Ihre Gefühle, wenn Sie sich selbst betrachten. Sie werden bald die Ergebnisse an den wieder geglätteten Oberschenkeln und Oberarmen sehen, und Sie werden automatisch Eleganz in Ihre tägliche Haltung und Bewegung bringen, und zwar immer!

Niedriges Laredo-Beinheben

1 Legen Sie sich auf dem Boden auf die rechte Seite und lassen Sie den Kopf die gesamte Übung über auf dem rechten Arm ruhen. Kopf, rechter Ellbogen, rechte Schulter, Hüfte und rechter Knöchel sollten während der gesamten Übung auf einer geraden Linie bleiben.

2 Winkeln Sie Ihr linkes Bein an, so dass Ihr linker Fuß etwa 2,5 cm vor Ihrer rechten Hüfte flach auf dem Boden steht.

3 Heben Sie das rechte Bein mit angewinkeltem Fuß langsam so hoch wie möglich vom Boden ab (mindestens bis zur halben Höhe Ihrer linken Schulter). Achten Sie darauf, das rechte Bein gestreckt zu halten und dehnen Sie sich in der Länge, als wollten Sie eine Wand des Raumes mit Ihrer rechten Fußsohle berühren und die gegenüberliegende Wand mit der rechten Hand.

4 Lassen Sie das rechte Bein oben und ziehen Sie den Fuß für fünf Zählzeiten parallel zum Boden an, strecken Sie ihn für fünf und ziehen Sie ihn wieder für fünf Zählzeiten an.

5 Lassen Sie das Bein immer noch oben und wiederholen Sie Schritt 4, wobei Sie zuerst den Fuß zum Boden und dann zur Decke hin anziehen und strecken.

6 Senken Sie das rechte Bein mit angezogenem Fuß langsam zum Boden und konzentrieren Sie sich auf die Muskeln an der Innenseite des Oberschenkels.

Wiederholen: Beginnen Sie mit 5-mal rechts, 5-mal links und steigern Sie auf 15-mal rechts, 15-mal links.

Variante: Wenn Sie sich damit wohl fühlen, tragen Sie Gelenkgewichte von ½–2 kg.

⇩ Hohes Laredo-Beinheben

1 Legen Sie sich auf dem Boden auf die rechte Seite und lassen Sie den Kopf auf dem rechten Arm ruhen. Kopf, rechter Ellbogen, rechte Schulter, Hüfte und rechter Knöchel sollten auf einer geraden Linie sein.

2 Lassen Sie das rechte Bein gestreckt mit angezogenem Fuß am Boden und heben Sie langsam das linke Bein vom Boden ab bis in Höhe der linken Schulter. Halten Sie das linke Bein gerade. Dehnen Sie beide Beine der Länge nach, als wollten Sie die Wand des Raumes mit beiden Füßen berühren und die gegenüberliegende Wand mit der rechten Hand.

3 Lassen Sie das Bein oben und ziehen Sie den Fuß für fünf Zählzeiten parallel zum Boden an, strecken Sie ihn für fünf und ziehen Sie ihn wieder für fünf Zählzeiten an.

4 Lassen Sie das Bein immer noch oben und drehen Sie das Fußgelenk so, dass Sie die Zehen für fünf Zählzeiten zum Boden zu strecken können, und winkeln Sie dann für fünf Zählzeiten das Fußgelenk an (zum Boden zeigend). Drehen Sie dann das Gelenk und strecken Sie die Zehen für fünf Zählzeiten zur Decke.

5 Senken Sie das linke Bein mit angezogenem Fuß langsam in die Ausgangsposition und konzentrieren Sie sich auf die Muskeln an der Außenseite des Oberschenkels.

Wiederholen: Beginnen Sie mit 5-mal rechts, 5-mal links und steigern Sie auf 15-mal rechts, 15-mal links.

Variante: Wenn Sie sich damit wohl fühlen, tragen Sie Gelenkgewichte von ½–2 kg.

⇧ Doppeltes Laredo-Beinheben

1 Legen Sie sich auf dem Boden auf die rechte Seite und lassen Sie den Kopf auf dem rechten Arm ruhen. Kopf, rechter Ellbogen, rechte Schulter, Hüfte und rechter Knöchel sollten auf einer geraden Linie sein.

2 Ziehen Sie beide Füße an und heben Sie beide Beine langsam so hoch wie möglich vom Boden ab (mindestens bis zur halben Höhe Ihrer linken Schulter). Lassen Sie die Beine gestreckt und dehnen Sie sich der Länge nach.

3 Lassen Sie die Beine in dieser Stellung und ziehen Sie die Füße parallel zum Boden für fünf Zählzeiten an, strecken Sie sie für fünf und ziehen Sie sie wieder für fünf Zählzeiten an.

4 Lassen Sie die Beine immer noch in dieser Stellung und drehen Sie die Fußgelenke, so dass Sie die Zehen für fünf Zählzeiten zum Boden strecken können, winkeln Sie dann die Fußgelenke für fünf Zählzeiten an. Drehen Sie dann die Gelenke, strecken Sie die Zehen für fünf Zählzeiten zur Decke und ziehen Sie sie für fünf an.

5 Legen Sie die Beine langsam mit angezogenen Füßen ab und konzentrieren Sie sich auf die inneren und äußeren Oberschenkelmuskeln.

Wiederholen: Beginnen Sie mit 5-mal; erhöhen Sie auf 15-mal. Wiederholen Sie die Übung auf der linken Seite.

Variante: Wenn Sie sich damit wohl fühlen, tragen Sie Gelenkgewichte von ½ – 2 kg.

1

2

3

⇧ Eleganter Gleiter I

1 Legen Sie sich flach auf den Bauch und stützen Sie das Kinn nach vorn gewandt auf die Hände. Heben Sie das linke Bein so hoch wie möglich, halten Sie das Bein dabei gerade und ziehen Sie den Fuß an. Zählen Sie bis fünf und halten Sie die Stellung, strecken Sie dann den Fuß aus, zählen Sie bis fünf, ziehen Sie dann den Fuß wieder für fünf Zählzeiten an.

2 Halten Sie das Bein weiterhin oben, drehen Sie den Fuß für fünf Zählzeiten nach außen, strecken Sie den Fuß für fünf Zählzeiten, ziehen Sie den Fuß für fünf Zählzeiten an. Wiederholen Sie alles mit nach innen gedrehtem Fuß.

3 Senken Sie das linke Bein langsam mit angezogenem Fuß zum Boden und konzentrieren Sie sich auf die Kontraktion der Muskulatur an der Vorder- und Rückseite der Oberschenkel.

Wiederholen: Beginnen Sie mit 5-mal links, 5-mal rechts, 5-mal mit beiden Beinen; erhöhen Sie bis auf 15-mal links, 15-mal rechts, 15-mal mit beiden Beinen gleichzeitig (wobei Sie die Füße etwa schulterbreit gespreizt halten).

Variante: Wenn Sie sich damit wohl fühlen, tragen Sie Gelenkgewichte von ½ – 2 kg.

➪ Eleganter Gleiter II

1 Legen Sie sich flach auf den Bauch und stützen Sie das Kinn nach vorn gewandt auf die Hände. Ziehen Sie den linken Fuß an und beugen Sie das linke Knie, bis der Unterschenkel vertikal nach oben steht und heben Sie das Bein so hoch wie möglich. Halten Sie die Stellung fünf Zählzeiten, strecken Sie den Fuß für fünf Zählzeiten aus und ziehen Sie ihn für fünf Zählzeiten an.

2 Halten Sie das Bein weiter oben, drehen Sie für fünf Zählzeiten den Fuß nach außen, strecken Sie den Fuß für fünf Zählzeiten, ziehen Sie den Fuß für fünf Zählzeiten an. Wiederholen Sie alles mit nach innen gedrehtem Fuß.

3 Senken Sie das linke Bein langsam mit angezogenem Fuß zum Boden und konzentrieren Sie sich auf die Muskelkontraktion an der Vorder- und Rückseite der Oberschenkel.

Wiederholen: Beginnen Sie mit 5-mal links, 5-mal rechts, 5-mal mit beiden Beinen; erhöhen Sie bis auf 15-mal links, 15-mal rechts, 15-mal mit beiden Beinen gleichzeitig (wobei Sie die Füße etwa schulterbreit gespreizt halten).

Variante: Wenn Sie sich damit wohl fühlen, tragen Sie Gelenkgewichte von ½ – 2 kg.

⇧ Schaukelpferd

Dies ist eine Tonusübung für den ganzen Körper! *Vorsicht:* Wenn Sie Rückenprobleme haben, konsultieren Ihren Arzt, bevor Sie diese Übung ausführen.

1 Legen Sie sich mit nach vorn abgelegten Armen auf den Bauch, heben Sie den Kopf und schauen Sie geradeaus. Lassen Sie beide Füße angewinkelt, ergreifen Sie den rechten Fuß mit der rechten Hand und heben Sie Oberkörper und Kinn so weit Sie können.

2 Heben Sie den rechten Oberschenkel so weit wie möglich vom Boden ab. Halten Sie die Stellung mit angewinkeltem Fuß für fünf Zählzeiten, strecken Sie die Zehen für fünf und ziehen Sie sie wieder für fünf Zählzeiten an. Konzentrieren Sie sich auf die Dehnung von Oberarm, Oberschenkel und Kinn.

3 Gehen Sie in die Ausgangsstellung zurück.

Wiederholen: Beginnen Sie mit 5 Zählzeiten rechts, 5 Zählzeiten links, 5 Zählzeiten mit beiden Beinen (siehe Foto rechts); erhöhen Sie auf 15 Zählzeiten rechts, 15 Zählzeiten links, 15 Zählzeiten mit beiden Beinen.

Variante: Wenn Sie sich damit wohl fühlen, tragen Sie Gelenkgewichte von ½–2 kg.

➪ Luftschere

Diese wunderbare Übung nützt sowohl Ihrem Bauch als auch den Oberschenkeln!

1 Stützen Sie sich auf Ihren linken Ellbogen und heben Sie beide Beine zur Decke. Ergreifen Sie mit der rechten Hand den rechten Fußknöchel, ziehen Sie das Bein so nahe wie möglich zur Schulter heran und halten Sie dabei Bein und Arm gerade.

2 Stellen Sie das linke Bein neben das rechte und strecken Sie es dann zuerst zur linken Seite, so dass es den Boden berührt. Lassen Sie beide Füße für fünf Zählzeiten angewinkelt, strecken Sie sie für fünf und winkeln Sie sie wieder für fünf an.

3 Schließen Sie die Schere wieder, indem Sie das linke Bein nach oben und innen bewegen, so dass es so weit wie möglich vor dem rechten Bein zu liegen kommt, wobei beide Füße angewinkelt bleiben, und konzentrieren Sie sich auf die inneren Oberschenkelmuskeln. Halten Sie die Stellung für fünf Zählzeiten, strecken Sie dann beide Füße für fünf und ziehen Sie sie schließlich wieder für fünf Zählzeiten an.

4 Senken Sie langsam das linke Bein zum Boden.

5 Schließen Sie langsam die Schere, indem Sie das linke Bein nach oben und innen bewegen; legen Sie es aber so weit wie möglich hinter das erhobene rechte Bein. Halten Sie beide Füße für fünf Zählzeiten angewinkelt, strecken Sie sie dann beide für fünf und ziehen Sie sie wieder für fünf Zählzeiten an. Senken Sie das linke Bein zum Boden.

Wiederholen: Beginnen Sie mit 5 Zählzeiten links, 5 Zählzeiten rechts; erhöhen Sie auf 15 Zählzeiten links, 15 Zählzeiten rechts.

Variante: Wenn Sie sich damit wohl fühlen, tragen Sie Gelenkgewichte von ½–2 kg. Vielleicht führen Sie die Übung lieber auf beide Ellbogen gestützt aus, was die rechte Schere erleichtert. Achten Sie darauf das erhobene rechte Bein zur Schulter hin zu dehnen.

1

2

3

Seejungfrau von Kopenhagen

Diese Übung ist anfangs ziemlich schwierig, aber bleiben Sie dran – sie strafft Oberschenkel und Po hervorragend.

Vorsicht: Wenn Sie Probleme mit Rücken oder Hüften haben, konsultieren Sie erst Ihren Arzt, bevor Sie diese Übung ausführen.

1 Setzen Sie sich auf den Boden und legen Sie das rechte Bein angewinkelt vor sich, so dass es parallel zu Ihrem Becken liegt, und ziehen Sie den Fuß an. Winkeln Sie das linke Bein nach hinten an. Lassen Sie das Gesicht nach vorn gewandt, das Kinn erhoben und ziehen Sie den Bauch in der **Hüftklammer**-Stellung zusammen (siehe Seite 71). Halten Sie sich an einer Tischplatte, einem Fensterbrett oder einer Stuhllehne fest, um im Gleichgewicht zu bleiben.

2 Heben Sie Ihr linkes Knie so hoch Sie können (es werden nur 2–5 cm sein); lassen Sie dabei das Bein hinten und den Fuß angezogen. Halten Sie die Stellung für fünf Zählzeiten, strecken Sie den Fuß für fünf und ziehen Sie ihn wieder für fünf Zählzeiten an.

3 Bewegen Sie ganz sacht Ihr linkes Bein so weit Sie können nach hinten, und halten Sie dabei Körper und Hüften nach vorn ausgerichtet. Die Bewegung wird nur 7–12 cm ausmachen. Den Fuß für fünf Zählzeiten anziehen, für fünf strecken und für fünf wieder anziehen.

Wiederholen: Mit 3 Zählzeiten links, 3 Zählzeiten rechts beginnen; auf 10 Zählzeiten links, 10 Zählzeiten rechts erhöhen.

Luftsitz

1 Stellen Sie sich hin, die Füße etwa schulterbreit auseinander und parallel. Legen Sie die Hände hinten auf Ihre Taille, die Handfläche nach außen und die Finger verschränkt. Halten Sie Arme und Schultern so weit wie möglich zurück und ziehen Sie den Bauch in der **Hüftklammer**-Stellung zusammen (siehe Seite 71). Halten Sie den Rücken gerade.

2 Gehen Sie in Hockstellung, als wollten Sie sich gerade in einen Sessel setzen. Konzentrieren Sie sich darauf, Oberschenkel und Po zusammenzukneifen und die Schultern nach hinten zu drücken. Halten Sie die Stellung für fünf Zählzeiten und nehmen Sie wieder die Ausgangsstellung ein.

Wiederholen: Mit 5 Zählzeiten beginnen, bis auf 10 Zählzeiten erhöhen.

Variante: Beginnen Sie mit den Händen auf den Hüften. Heben Sie die Hände nach vorn an, während Sie die Hockstellung halten, um das Gleichgewicht zu wahren (siehe Foto unten rechts). Wenn Sie wollen, tragen Sie Handgelenkgewichte von ½–1½ kg.

Der Ausfallschritt

Der Ausfallschritt ist eine der besten Übungen, um Oberschenkel und Po zu formen und gleichzeitig Haltung und Balance zu verbessern. Man muss aber darauf achten ihn richtig auszuführen.

⇦ Schritt vorwärts

1 Beginnen Sie mit etwa schulterbreit auseinandergestellten Füßen. Machen Sie mit dem linken Bein einen Schritt etwa 90 cm nach vorn und setzen Sie zuerst die Ferse auf.

2 Halten Sie Ihre Wirbelsäule aufrecht und senken Sie sich so ab, dass das vorn stehende linke Knie im Winkel von 90° gebeugt wird, wobei das Knie über dem Fußgelenk steht. Das hinten stehende Bein wird mit angewinkeltem Fußgelenk ebenfalls im Winkel von 90° gebeugt.

3 Treten Sie in die Ausgangsposition nach vorn und drücken Sie, während Sie sich aufrichten, die Ferse fest auf den Boden.

4 Machen Sie mit dem rechten Fuß einen Schritt nach vorn.

Wiederholen: Beginnen Sie mit 10 ganzen Schritten vorwärts (rechts und links); erhöhen Sie bis auf 30 ganze Schritte vorwärts.

Schritt rückwärts ⇨

1 Beginnen Sie mit etwa schulterbreit auseinandergestellten Füßen. Heben Sie dann Ihr linkes Bein und treten Sie 60 cm zurück.

2 Halten Sie Ihr Rückgrat aufrecht und senken Sie sich so ab, dass das vorn stehende linke Knie im Winkel von 90° gebeugt wird, wobei das Knie über dem Fußgelenk steht. Das hinten stehende Bein sollte ebenfalls mit angewinkeltem Fußgelenk im Winkel von 90° gebeugt sein.

3 Um sich wieder in die Ausgangsstellung zu begeben, und dabei die Balance zu halten, drücken Sie Ihr Gewicht auf die vordere Ferse und treten Sie dann zurück.

4 Machen Sie mit dem rechten Fuß einen Schritt nach hinten.

Wiederholen: Beginnen Sie mit 10 ganzen Schritten rückwärts (rechts und links); erhöhen Sie bis auf 30 ganze Schritte rückwärts.

⇨ Superheldenschritt

1 Stellen Sie sich mit gerade aufgerichtetem Rücken und Hals auf, das Becken in der **Hüftklammer**-Stellung. Treten Sie mit dem rechten Bein etwa 75 cm nach vorn, drehen Sie den linken Fuß nach außen und halten Sie den rechten Fuß gerade, so dass Ihre Füße einen rechten Winkel bilden. Verlagern Sie das Gewicht nach vorn auf das rechte Bein. Mit der Zeit wird Ihr rechter Oberschenkel weiter nach unten gehen und parallel zum Boden stehen. Sie werden die Spannung im vorderen Oberschenkel (Quadrizeps) des vorn stehenden Beines spüren und die Dehnung im inneren Oberschenkel (im Adduktor) des gestreckten Beines. Halten Sie die Stellung für 10 Zählzeiten.

2 Bleiben Sie in der Stellung, entspannen Sie sich und drehen Sie den linken Fuß so, dass er nach vorn zeigt. Dehnen Sie den linken Quadrizeps, indem Sie das Bein gerade halten und die linke Ferse vom Boden abheben. Halten Sie die Stellung für 10 Zählzeiten. Je größer der Abstand zwischen Ihren Füßen, desto besser die Dehnung des gestreckten hinteren Beines. Steigern Sie die Länge des Schrittes täglich, so weit Sie können, ohne sich zu überanstrengen. Halten Sie den Rücken immer gerade.

Wiederholen: Fünf Zählzeiten links, fünf Zählzeiten rechts.

1

2

⇦ Steigschritt

Der Ausfallschritt auf eine erhöhte Fläche von 20 cm wirkt kräftig auf Po und Rückseiten der Oberschenkel.

1 Stellen Sie sich 60 – 90 cm hinter eine erhöhte Fläche (ein fester Stuhl oder eine Bank oder ein Sofa) und setzen Sie mit einem Schritt einen Fuß darauf, wobei Sie die Ferse hängen lassen.

2 Halten Sie die Wirbelsäule aufrecht und senken Sie den Körper ab, so dass Ihr vorderes Bein einen rechten Winkel bildet und das Knie über dem Fußgelenk steht.

3 Gehen Sie wieder in die Ausgangsstellung zurück und drücken Sie die Ferse beim Aufrichten auf die erhöhte Fläche.

Wiederholen: Beginnen Sie mit 10 Steigschritten auf jeder Seite und erhöhen Sie auf 30 Steigschritte.

Variante: Halten Sie Gewichte von 1½ – 4 kg in den Händen und strecken Sie die Arme seitlich aus.

⇦ Cancan

Tun Sie so, als wären Sie eine Tänzerin beim Fernsehballett! Tanzen Sie mit Vergnügen!

1 Stemmen Sie die Hände in die Hüften und schauen Sie nach links. Reißen Sie das rechte Bein hoch und winkeln Sie es im Knie an, so dass Ihr rechter Fuß das linke Knie berührt. (Siehe auch Seite 100.) Gehen Sie in die Ausgangsstellung zurück.

2 Reißen Sie dann das rechte Bein mit gestreckten Zehen nach vorn und so weit hoch, wie Sie können. (Siehe auch Seite 100.) Senken Sie es wieder in die Ausgangsstellung.

3 Reißen Sie das rechte Bein hoch, winkeln Sie es im Knie an, um wieder mit dem rechten Fuß das linke Knie zu berühren.

4 Reißen Sie das rechte Bein zur rechten Seite nach oben, so hoch Sie können.

Wiederholen: 50 Beinbewegungen je Seite.

Variante: Führen Sie eine Art Schwimmbewegung aus, indem Sie beim Hochreißen des rechten Beines den rechten Knöchel mit der linken Hand berühren und dabei den rechten Arm zur rechten Seite heben.

Aerobic

Führen Sie sich einmal vor Augen, wie Kinder sich bewegen und spielen: Sie rennen, springen, klettern und setzen ihren ganzen Körper dabei ein. Sie zeigen die Gelenkigkeit, die Bewegungsvielfalt und die Energie, über die wir alle einst verfügten. Als Erwachsene bewegen wir uns langsam und bedächtig – und überhaupt selten! Die meisten von uns sitzen täglich stundenlang in Büros, Autos, vor dem Fernseher oder beim Essen. Wir nehmen den Aufzug, statt Treppen zu steigen. Wir nehmen selbst für kurze Entfernungen das Auto, statt zu laufen.

Alle Bequemlichkeiten des modernen Lebens fördern die Inaktivität. Unsere Großeltern hackten Holz für den Herd, statt Essen in die Mikrowelle zu stellen; die Menschen arbeiteten auf dem Feld, während sie jetzt vor dem Computer sitzen und nur noch die Maus bewegen; selbst das Einkaufen erledigen wir über den Versandhandel und den Fernseher bedienen wir mit der Fernbedienung, statt durch das Zimmer zu laufen, um auf den Knopf zu drücken.

Wir leiden unter einer ernst zu nehmenden Epidemie der Inaktivität. In Amerika ist es erschreckende Wirklichkeit, dass nur 25 Prozent der erwachsenen Bevölkerung etwas für Ihre Fitness tun! Die übrigen 75 Prozent sind durch all die gesundheitlichen Probleme gefährdet, die mit Inaktivität in Verbindung stehen. Etwa die Hälfte bewegt sich noch nicht einmal so viel, dass die Herzfrequenz über den Ruhezustand hinaus erhöht wird. Ein Viertel aller Amerikaner hat überhaupt keine körperliche Bewegung.

Faulheit ist schädlich für Ihre Gesundheit

Steven N. Blair, P.E.D. am Cooper Institute for Aerobics Research in Dallas meint, Inaktivität sei „ebenso wichtig wie jedes andere Problem der allgemeinen Gesundheit, das wir haben". Es wurde geschätzt, dass jedes Jahr etwa 150 000 Menschen infolge Inaktivität sterben; eine sitzende Lebensweise birgt ein fast ebenso großes Gesundheitsrisiko wie Rauchen oder nach Alkoholgenuss Auto zu fahren.

Die beste Art, überschüssiges Fett loszuwerden, ist Aerobic-Training. Ein solches Training braucht gespeichertes Fett aus dem ganzen Körper (Fett aus der Unterhaut ebenso wie das Fett, das die Organe umgibt und die winzigen Fettstränge zwischen den Muskelfasern) als Brennstoff, so wie ein Feuer Sauerstoff benötigt, um Kohle oder Holz zu verbrennen.

Fett ist ein dichter Brennstoff; Zucker enthält 4 kcal Energie pro Gramm; Fett enthält 9 kcal pro Gramm! Deshalb machen fette Speisen fett. Sie liefern mehr Energie in Kalorien, doch wenn diese Energie nicht genutzt wird, wird sie als Fett gespeichert.

Tipps für das Aerobic-Training

1 Aerobic erfordert nicht, dass man außer Atem oder in einen Zustand der Erschöpfung gerät – ganz im Gegenteil, doch muss es lange genug andauern (mindestens dreimal in der Woche 30 Minuten), um die gewünschte Wirkung zu haben.

2 Die optimale Intensität des Aerobic-Trainings liegt bei einer Herzfrequenz, die 70 bis 85 Prozent Ihrer individuellen maximalen Herzfrequenz beträgt (Schläge pro Minute oder S/m). Damit ist sie hoch genug, um ein wirksames Training zu gewährleisten, jedoch noch so niedrig, dass Sie es 20 – 40 Minuten lang durchhalten.

Maximale Herzfrequenz (S/m) = 220 – Alter (in Jahren)
Optimale Trainingsherzfrequenz (S/m) = (0,70 bis 0,85) × maximale Herzfrequenz

3 Gehen Sie nicht zu weit! Selbst wenn Sie anfangs nicht 70 Prozent Ihrer maximalen Herzfrequenz erreichen, führen Sie das Training mindestens 20 Minuten lang beständig weiter in Ihrem eigenen Tempo aus. Sie können Tempo und Dauer täglich leicht erhöhen.

4 Üben Sie zu Musik, die Sie mögen, oder vor dem Fernseher, damit Sie angeregt werden und sich keine Langeweile einstellt. Wenn Sie von Woche zu Woche schnellere Musik wählen, dann motiviert Sie das zur Steigerung des Übungstempos, ohne dass Sie sich überanstrengen.

5 Wählen Sie die Art Aerobic-Training, die Ihnen angenehm ist und Spaß macht.

Gesunde Auswirkungen des Aerobic-Trainings

1 Fett wird verbrannt.

2 Die Herz-Kreislauf-Fitness wird verbessert. Der Herzmuskel wird kräftiger und pumpt mit jedem Schlag mehr Blut. Infolge dieser erhöhten Effektivität schlägt das Herz langsamer, wenn Sie inaktiv sind; umso größer ist aber die Erhöhung der Sauerstoffversorgung mit jedem Schlag beim Training, so dass Sie intensiver und länger trainieren können.

3 Aerobic nützt dem Knochensystem. Gelenke werden beweglicher und erreichen einen größeren Bewegungsspielraum und die Knochen werden verstärkt. (Training erhöht sogar den Mineralstoffgehalt der Knochen bei Frauen nach den Wechseljahren.)

4 Training kann das Risiko bestimmter Krebsarten mindern. Es gibt Hinweise darauf, dass selbst mäßiges Aerobic-Training (zum Beispiel an sechs Tagen in der Woche pro Tag nur 3 km in 30 bis 40 Minuten zu laufen) lebensverlängernd wirkt und auch die Gefahr von Herzerkrankungen reduziert.

5 Aerobic-Training erhöht den Grundumsatz (GU). Das bedeutet, dass der Körper bei jeder Aktivität, selbst im Ruhezustand, mehr Kalorien verbrennt als sonst, im Gegensatz zu Schlankheitskuren, die den GU verringern: Erhält der Körper weniger Nahrung, so schränkt er seinen Energieverbrauch ein, um sich auf eine Hungerphase vorzubereiten. Dagegen erhält Training die Muskulatur und baut sie auf, wodurch der GU gleich bleibt oder gesteigert wird. Die Muskulatur verbrennt 37,5-mal mehr Kalorien als Fett in derselben Menge: 0,4 kg Fett benötigen nur 2 kcal pro Tag, während 0,4 kg Muskelmasse 75 kcal pro Tag verbrauchen. Aerobic-Training hat also wirklich Einfluss auf Ihren Körper: Fett wird reduziert und Muskelmasse nimmt zu.

6 Sport treiben verringert den Appetit. Das Gute daran ist: Je übergewichtiger der Mensch ist und je mehr Zeit er im Sitzen verbringt, desto größer ist die Verringerung des Appetits durch Bewegung. „Wenn nicht der Fernseher und der Kühlschrank so weit voneinander entfernt wären, würden manche Leute überhaupt keinen Sport treiben", meint der New Yorker Humorist Joey Adams. Statt also sofort zum Kühlschrank zu stürzen, wenn Sie Hunger zu spüren beginnen, zwingen Sie sich zuerst zu 10 oder 20 Minuten Aerobic. Möglicherweise wollen Sie den Snack dann gar nicht mehr! Versuchen Sie, regelmäßig vor den Mahlzeiten zu trainieren, um den Appetit zu zügeln.

7 Sport treiben verleiht wirklich Spannung und feste Formen, wo ansonsten Schwammigkeit auftreten könnte! Durch Training sehen Sie in jedem Fall besser aus, selbst wenn Sie ein wenig an Gewicht zulegen, weil leichtes Fett durch dichtere Muskelmasse ersetzt wird.

8 Sport treiben hebt die Stimmung. Es ist ein natürliches Antidepressivum! Selbst leichtes Training stimuliert die Produktion und Freisetzung von Endorphinen, der körpereigenen Glücksopiate. Trainierte Athleten beschreiben oft, dass sie sich „high" fühlen. Endorphine zügeln nachweislich den Appetit und verringern Angst. Vielleicht wehrt Training wegen der Endorphinfreisetzung Depressionen ab, die oft eine Ursache für übermäßiges Essen sind. Je mehr Sie trainieren, desto mehr können Sie trainieren und desto mehr wollen Sie trainieren – eine großartige Spirale!

Ihr Alltag

Es gibt zwei Möglichkeiten, wie Sie Aerobic leicht in Ihren Alltag integrieren können, ohne dass es mit Ihrem Zeitplan kollidiert. Erstens: Bewegen Sie sich nie mit einem Fahrzeug fort, wenn Sie laufen oder steigen können. Laufen Sie zur Arbeit oder gehen Sie wenigstens ein Stück des Weges zu Fuß, indem Sie eine Haltestelle früher aus dem Bus oder der Bahn steigen. Machen Sie ein paar Ihrer Erledigungen zu einem Trainingsausflug, indem Sie entweder zu Fuß zu den Geschäften gehen oder Ihr Auto in einiger Entfernung zum Eingang parken. Laufen Sie die Treppe hoch, statt auf den Fahrstuhl zu warten, oder machen Sie beim Warten **Pressometrie**-Übungen. Zweitens: Versuchen Sie, sich ein wenig schneller zu bewegen, als Ihrem natürlichen Tempo entspricht. Verbrennen Sie mit ein wenig Aktion ein paar mehr Kalorien!

Diese scheinbar kleinen Bewegungssteigerungen zahlen sich wirklich aus, besonders dann, wenn Sie Ihre Aktivitäten beständig jeden Tag steigern. Wenn Sie 64 kg wiegen, dann können Sie, wenn Sie täglich 10 Minuten zusätzlich zu Fuß gehen und nur vier Treppenabsätze hochlaufen (nicht unbedingt beides gleichzeitig!), im Jahr mindestens 17 500 kcal verbrennen. Sie könnten 2,3 kg abspecken, statt durch Inaktivität den jährlichen Durchschnitt von 0,4 kg zuzulegen. Sie sehen schon: Gesundes Essen hilft, aber um gesund zu bleiben und das Gewicht dauerhaft unter Kontrolle zu halten, ist Aerobic ein geeigneter Weg. Und die Erfolge stellen sich in jedem Fall sofort ein!

Formen des Aerobic-Trainings

Walking

Walking oder Gehen ist der beste Sport – besonders für alle, die bisher nicht aktiv gewesen sind, und für vielbeschäftigte Menschen, die keine Zeit haben, sich zum Joggen umzuziehen, sich aufzuwärmen und zu duschen. Jeder kann sich auf einen Spaziergang begeben (selbst in Geschäftskleidung), wenn nur die geeigneten Schuhe zum Gehen immer greifbar sind. Sie können überall und jederzeit spazieren gehen. Sie brauchen keinen Hometrainer und keine Aschenbahn! Sie können draußen spazieren gehen, um neue Aussichten oder frische Luft zu genießen. Sie können zu Hause auf der Stelle gehen, während Sie fernsehen, oder zu Musik, die das Tempo vorgibt. Sie können allein gehen, um zu meditieren, oder zu einer vorgeplanten Zeit mit einem Partner.

Für maximalen Erfolg:

1 Gehen Sie mit langen Schritten.

2 Schwingen Sie bei jedem Schritt die Arme aktiv wie Pendel.

3 Setzen Sie den führenden Fuß zuerst mit der Ferse auf. Nachdem Sie Ihr Tempo bequem erhöht haben, können Sie Handgelenkgewichte von ½ kg tragen.

4 Gehen Sie „eng" – spannen Sie beim Gehen Unterleib und Hüften in der **Hüftklammer**-Stellung an.

Joggen

Viele Menschen betreiben die „Sportart" des Jahrzehnts: Joggen. Erst vor kurzem haben jedoch Orthopäden und Sportphysiologen festgestellt, dass Joggen Knie, Beine und Rücken schädigen kann. Mein Rat für überzeugte Jogger ist, nur an guter Luft zu joggen (nicht dort, wo die Luft durch Verkehr oder Industrie verschmutzt ist), gute Laufschuhe zu tragen, auf einer weichen Oberfläche zu laufen (nicht Beton) und es mäßig und nicht unter Zwang zu betreiben. Ich empfehle schnelles Gehen statt Joggen, da eine geringere Verletzungsgefahr durch das Aufsetzen besteht und Gehen ebenso viele Kalorien verbrennen kann wie Joggen. (Wenn Sie 30 Minuten gehen und dabei eine Strecke von 3 km zurücklegen, verbrennt dieselbe Menge an (zusätzlichen) Kalorien wie beim Joggen in 10 Minuten und bei einer Strecke von 1,5 m.)

Seilspringen

Seilspringen ist beim Verbrennen von Kalorien genauso effektiv wie Joggen und hat den Vorteil, dass es überall ausgeführt werden kann. Sie brauchen ein Springseil oder eine alte Wäscheleine und gut gepolsterte Schuhe. Da selbst bei niedrigstem Tempo viel Energie verbraucht wird, springen Sie in Zeiteinheiten von zwei bis drei Minuten und gehen Sie zwischendurch auf der Stelle. Musik ist eine große Hilfe. Achten Sie darauf, auf den Fußballen zu springen und springen Sie abwechselnd auf den rechten und auf den linken Fuß; springen Sie nicht mit beiden Füßen gleichzeitig.

Treppensteigen

Läuft man eine Treppe hoch, so wird der ganze Körper trainiert. Wenn Sie auf einer oberen Etage arbeiten oder wohnen, dann bietet sich ein hervorragendes Training an. Steigen Sie die Treppen in Ihrem eigenen Tempo. Selbst wenn Sie nur einen Teil der Strecke hochlaufen, profitieren Sie davon. Die Treppe hochzulaufen ist wesentlich besser, als ein teures Heimsteppgerät zu benutzen. Mit dem Gerät verbrennen Sie weniger Kalorien, weil Sie die Füße nicht heben müssen und sich auf die Haltegriffe stützen können. Haben Sie zu Hause oder auf Arbeit keine Treppen, treten Sie einfach an einem dicken Buch auf und ab, am besten mit Musik. Wenn Sie Probleme mit den Knien haben, verzichten Sie auf diese Art Fitnesstraining solange Sie nicht Ihren Arzt konsultiert haben.

Schwimmen

Sie können in jedem Alter schwimmen, selbst wenn andere Aktivitäten durch Verletzungen oder Krankheiten wie Arthritis eingeschränkt sind. Beim Schwimmen nutzen Sie Ihren gesamten Körper; gleichzeitig wird nichts gestaucht; es gibt keine Beanspruchung der Gelenke. Der Widerstand des Wassers erhöht die Intensität jeder Körperarbeit. Um die Vorteile zu maximieren, denken Sie bei jedem Zug an Ihre Oberschenkel- und Beinmuskeln und spannen Sie die Oberschenkel an, wenn Sie sich abstoßen. Wölben Sie die Hände oder halten Sie kleine Paddel in den Händen, um den Widerstand und damit den Trainingseffekt zu erhöhen. Sie müssen sich nicht auf Schwimmrunden beschränken. Sie können in schulterhohem Wasser kräftig ausschreiten und um das Becken laufen, und Sie können Tritte und Dehnungen ausführen, während Sie sich am Rand festhalten.

Rebounding

Ein Rebounder ist eine federnde Matte, ähnlich einem Minitrampolin, nur dass Material und Aufbau nur für eine geringe Federung gedacht sind (nicht dafür, Artisten in die Luft zu katapultieren). Er ist nicht teuer und gestattet Ihnen, alle Aerobic-Sprünge ohne die Gefahr einer Aufprallverletzung auszuführen (Joggen, Hampelmann, Hüpfen, Beine-Werfen). Die Anzahl der verbrannten Kalorien richtet sich nach der Intensität.

Kalorien, die in 30 Trainingsminuten bei einer Person mit einem Gewicht von 64 kg verbrannt werden

Seilspringen	286 kcal
Joggen	286 kcal
Ball spielen	160 kcal
Golf	128 kcal
Drachensteigen	100 kcal
Yoga	96 kcal
Rebounding	80 kcal

Von der Haut aus nach

Wenn Cellulite auch unter der Haut entsteht, so ist doch ihr unschönes Erscheinungsbild eindeutig an der Oberfläche zu sehen. Glücklicherweise kann eine einfache Oberflächenbehandlung nicht nur die Haut glatter und gesünder aussehen lassen, sondern auch die darunter liegende Cellulite mindern. Wir wollen drei leichte Methoden kennen lernen:

- Hautbürstung
- Peeling
- Massage

Diese Techniken sind kein Ersatz für die Arbeit an der Erhaltung des richtigen Körpergewichtes und des Muskeltonus, doch wenn Sie täglich ein wenig Zeit auf diese Hautpflegemaßnahmen verwenden, werden sie Ihnen mit Sicherheit helfen, besser auszusehen. Sie ergänzen die Verbesserungen, die Sie schon durch richtige Ernährung und regelmäßiges Training erreicht haben und helfen, Ihre Haut glatt und frei von Cellulite zu erhalten.

HAUTBÜRSTUNG

Das Bürsten der Haut wird schon seit Jahrhunderten in der Hautpflege angewendet. In vielen Teilen der Welt – besonders in Japan und Schweden – gehört die Hautbürstung zur täglichen Schönheitspflege und Hygiene einer Frau. Nun gewinnt diese Technik in vielen Teilen Europas und Amerikas zunehmend an Beliebtheit. Die trockene Hautbürstung verbessert die Gesundheit und das Erscheinungsbild der Haut, indem sie

- abgestorbene Hautzellen entfernt, die an der äußeren Hautschicht haften und die Oberfläche rau und trocken machen,
- die Haut so poliert, dass eine jugendlich-seidige Glätte entsteht,
- den Austausch von Hautzellen und Bindegewebe beschleunigt, so dass die Oberfläche der Haut schneller erneuert wird und die Kollagentaschen schneller neu geformt werden,
- die Durchblutung im riesigen Netz der Kapillaren verbessert, die in den tiefen Hautschichten und im Fett der Unterhaut liegen,
- den Lymphfluss verbessert.

Die Technik

Was nimmt man dazu? Beschenken Sie sich zunächst mit einem Massagehandschuh, der steife, dicht gesetzte natürliche Borsten hat. Bürsten Sie den gesamten Körper; beginnen Sie an den äußeren Enden der Gliedmaßen und bürsten Sie zur Körpermitte hin in dieser Reihenfolge:

- Füße
- Beine
- Waden
- Oberschenkel
- Po
- unterer Rücken
- Bauch
- Flanken
- Hände
- Arme
- Schultern
- oberer Rücken

Konzentrieren Sie sich auf die Zonen, in denen die Cellulite am schlimmsten ist. Bürsten Sie die inneren und äußeren Oberschenkel und den Po mehrmals. Vergessen Sie nicht die Zonen zu bürsten, die schwieriger zu erreichen sind, wie die Stellen dicht unter den Pobacken oder genau über dem Knie. Um zu verhindern, dass Sie wichtige Stellen auslassen, bürsten Sie sich vor einem Spiegel.

Wie stark?

Bürsten Sie fest, so dass Sie sich belebt fühlen, jedoch nicht zu stark, damit Sie sich nicht weh tun. Sie sollten danach in warmem Rosa erstrahlen; die Haut soll nicht rot und gereizt sein. Bürsten Sie nie Stellen, an denen die Haut verletzt oder entzündet ist oder wo Sie einen Ausschlag haben.

innen

In welche Richtung?

Sie werden es vielleicht bequem finden, sich im Stehen abzubürsten. Stellen Sie das Bein, das Sie bürsten, auf einen Hocker oder den Badewannenrand. Bürsten Sie immer von den Enden der Gliedmaßen aus nach oben, so folgen Sie dem Rückfluss des Blutes zum Herzen.

Bürsten Sie Beine und Arme mit langen Strichen und Oberschenkel, Bauch und Rücken mit runden Halbkreisbewegungen.

Wie oft?

Die beste Strategie ist, die Haut zweimal täglich zu bürsten – morgens, wenn Sie aufstehen (vor dem Bad oder der Dusche), und noch einmal abends, direkt vor dem Zubettgehen.

Wie lange?

Sie können den gesamten Körper in weniger als 5 Minuten bürsten. Wenn Sie es eilig haben, sorgen selbst 1 oder 2 Minuten, in denen Sie sich auf die celluliteanfälligen Zonen Ihres Körpers konzentrieren, für einen deutlichen Unterschied.

PEELING

Manche Nutzwirkungen der Hautbürstung können auch erzielt werden, wenn man ein Peelingmittel verwendet, das dazu geeignet ist, die dicken Schichten abgestorbener Oberflächenhautzellen zu entfernen. Nach eingehender Forschung habe ich ein einzigartiges Peelingmittel für meine exklusiven *Longévité*®-Hautpflegeprodukte entwickelt, das sich sanft an die abgestorbenen Oberflächenzellen anheftet, um sie abzupellen. Dieses Peelingmittel kann sogar ohne Schaden für das Gesicht verwendet werden, wo es kleine Fältchen glättet und vergrößerte Poren reduziert. Peelingmittel mit sandartigen Körnern müssen immer mit Vorsicht angewendet werden, besonders im Gesicht, wo die Partikel in die Augen gelangen können; jedoch sind sie geeignet für die Zonen am Körper, die anfällig für Cellulite sind – Oberschenkel, Rücken und Oberarme. Führen Sie beim Körperpeeling die gleichen Bewegungen aus wie bei der Hautbürstung.

Peelen Sie ein- oder zweimal am Tag vor dem Baden oder Duschen. Das sollte weniger als 5 Minuten in Anspruch nehmen. Wie bei der Hautbürstung sorgen selbst 1 oder 2 Minuten, in denen man sich auf die celluliteanfälligen Zonen konzentriert, für einen Unterschied.

MASSAGE

Die Massage ist die entspannendste und angenehmste Behandlungsart für das Celluliteproblem. Die Bewegungen bei der Massage beeinflussen sogar das Fettgewebe unter der Haut und verbessern sowohl den Kreislauf als auch die Lymphdrainage wirksamer als die Hautbürstung. Eine verbesserte Durchblutung mindert die entgegengerichtete Wirkung der kleinen Klappen in den winzigen Blutgefäßen, die sich sonst schließen und damit das Auftreten von Cellulite verschlimmern würden.

Wie nützlich die Massage auch immer ist – was sie nicht bewirkt und gar nicht bewirken kann, ist die „Auflösung" von Fett! Daher ist Massage von geringem Wert für die Beseitigung von Cellulite, wenn sie nicht mit Gewichtsreduzierung (falls angebracht) und Übungen für den Muskeltonus kombiniert wird. Es gibt viele Schönheitssalons und Gesundheitskliniken, die eine so genannte Cellulitemassage anbieten, die normalerweise mit der Anwendung spezieller Lotions oder Krems kombiniert ist. Diese professionellen Behandlungen sind für gewöhnlich teuer und bieten Ihnen doch nichts anderes, als Sie selbst zu Hause tun können.

Eigenmassage

Wie bei der Hautbürstung ist es günstig sich vor einem Spiegel zu massieren, damit Sie sicher sein können, alle von Cellulite betroffenen Stellen an Ihrem Körper zu behandeln. Die Massagebewegungen sollten fest sein, jedoch nicht so stark, dass sie Schmerzen oder Druckstellen verursachen. Richten Sie Massagebewegungen immer zum Herzen hin, wie für die Hautbürstung beschrieben. Ich empfehle Ihnen sich ein- oder zweimal täglich zu massieren, direkt nach der Hautbürstung.

Was zu tun ist

Bevor Sie beginnen, irgendeine spezielle Stelle des Körpers zu massieren, tragen Sie eine Lotion, ein Gel oder Öl Ihrer Wahl auf. Dadurch können Ihre Hände reibungslos über die Haut gleiten.

Es gibt derzeit viele neue und teure Lotions und Gels zur Straffung der Haut und gegen Cellulite, die „komplexe Aktion für Schlankheit, Festigung und Straffung“ für „sensationelle Körperformung“ versprechen. Allerdings gehen die Meinungen über die Wirksamkeit dieser Produkte im Gegensatz zu bedeutend weniger kostspieligen Lotions und Wundermitteln stark auseinander.

Einige dieser so genannten Anticelluliteprodukte enthalten Inhaltsstoffe von Pflanzen und Algen (mit fraglicher Wirksamkeit). Andere enthalten Bestandteile, deren Wirkung auf isolierte Fettzellen nachgewiesen wurde. Diese wissenschaftlich untersuchten Inhaltsstoffe sind – ob Sie es glauben oder nicht – Koffein und die strukturell ähnlichen Moleküle Theophyllin und Aminophyllin. Wenn im Labor Koffein zu Fettzellen gegeben wird, wirkt es auf einzelne Enzyme so, dass die Fettspeicherung auf zwei Wegen verringert wird, nämlich indem der Fetttransport in die Fettzellen verhindert und indem das gespeicherte Fett in Fettzellen abgebaut wird. Eine Anwendung des Präparats hat die Wirkung von weniger als einer halben Tasse Kaffee. Ob das Koffein durch Massage jedoch wirksam durch die Haut zur Fettzellschicht dringt, ist bisher nicht bewiesen.

Eine kürzlich veröffentlichte Studie zeigte, dass nach täglicher Anwendung einer aminophyllinhaltigen Krem über eine Zeitspanne von fünf Wochen die Oberschenkel im Umfang um 1 cm geschrumpft waren. Leider können diese Ergebnisse aber nicht als endgültig betrachtet werden, da Messungen nicht sehr genau sind.

Da andere Arzneimittel mit Hilfe von Pflastern durch die Haut dringen können, kann man mit gutem Grund annehmen, dass aktive Inhaltsstoffe wie Koffein und Vitamin E auch durch Auftragen einer Krem auf die Haut wirksam zur tieferen Fettschicht vordringen können. Massage erhöht die Aufnahme durch Erwärmung der Haut. Ich empfehle Ihnen, eine Krem auszuwählen und sich selbst ein Urteil zu bilden.

Ich habe nach eigener Forschung die *Longévité*®-Cellulitebehandlungs-Lotion entwickelt, die nicht nur Koffein, sondern auch Vitamin E in hoher Konzentration enthält. Dieses Vitamin E wirkt auf das Bindegewebe, so dass die Scheidewände rund um die Fettzellen nicht dicker werden und die Elastizität der Hautoberfläche länger erhalten bleibt.

Tragen Sie Lotion, Gel oder Öl mit sanften, schwungvollen Bewegungen auf, bevor Sie massieren. Setzen Sie dann eine von drei Techniken ein:

1 Die Hand/Fersen-Technik

Diese Technik ist am besten für die Oberschenkel geeignet. Biegen Sie die Hand im Gelenk nach hinten, so dass Handfläche und Finger nach oben gehen, und massieren Sie dann fest Ihren Oberschenkel direkt über dem Knie. Vergessen Sie nicht die Zone direkt unter den Pobacken. Massieren Sie jeden Oberschenkel mindestens eine Minute.

2 Die Knöcheltechnik

Am besten für die Oberarme geeignet. Strecken Sie den zu massierenden Arm nach vorn aus, winkeln Sie ihn im Ellbogen an und schließen Sie die andere Hand zur Faust. Drücken Sie die Knöchel am Ober-

1

arm entlang und massieren Sie fest vom Ellbogen aus nach oben. Führen Sie mindestens 20 volle Streichbewegungen an jedem Arm aus.

3 Petrissage

Sie ist am besten für die Wülste am unteren Rücken geeignet. Petrissage kann auch am Oberarm angewendet werden; setzen Sie diese Technik jedoch nicht an den Oberschenkeln ein, da sie die Ausbildung winziger „Rotkrautäderchen“ fördern kann. Nehmen Sie die Hautfalte am unteren Rücken zwischen Daumen und übrige Finger und drücken und drehen Sie sie dann, als würden Sie Teig kneten. Massieren Sie beide Seiten des Rückens gleichzeitig mindestens eine Minute lang.

DIE SONNE

Die Sonne ist der schlimmste Feind Ihrer Haut! Schützen Sie sich immer vor der Sonne. Menschen mit heller Haut sind am meisten gefährdet, aber niemand ist immun gegen die gefährlichen Auswirkungen der Sonne. Jegliche Sonneneinstrahlung ist schlecht; eine so genannte sichere Bräunung gibt es nicht! Die Bräune ist nur sichtbarer Ausdruck des Schadens, den die Sonne an Ihrer Haut anrichtet.

Es gibt keinen Zweifel daran, dass die Sonne Ihre Haut vorzeitig altern lässt und zu Falten, Verlust an Elastizität, lederartige Beschaffenheit und stellenweise dunkle (und manchmal raue) Flecken führt (letztere können eine Vorstufe von Krebs sein). Schlimmer noch: Die Sonne erzeugt Hautkrebs, besonders bei Menschen, die schon einmal Sonnenbrand mit Bläschenbildung oder Hautkrebs hatten, die Leberflecke haben oder deren Familie durch Hautkrebs erblich belastet ist.

Wenn Sie Ihre Cellulite durch Bräune tarnen möchten, dann verwenden Sie lieber ein Selbstbräunungsmittel. Achten Sie darauf, den Selbstbräuner sorgfältig und gleichmäßig aufzutragen und nach dem Auftragen gründlich die Hände zu waschen (sonst haben Sie Ihre stärkste Bräunung auf den Handflächen).

Ihr Fortschrittstagebuch

Ich finde es sehr hilfreich, ein Tagebuch zu führen, um mich zu „bewerten“ und meine Fortschritte aufzulisten. Ein Tagebuch regt mich zum Weitermachen an. Da das Programm zu Hause durchgeführt wird, ohne die Vorteile (oder die Kosten) einer streng geplanten Kur oder ohne die Überwachung durch einen Übungsleiter, bleibt es Ihnen überlassen, ob Sie diszipliniert sind oder nicht. Das Führen eines Tagebuches zeigt Ihnen, was Sie täglich wirklich tun. Wenn Sie sich jeden Tag ein paar Minuten Zeit nehmen, um über sich selbst nachzudenken und Ihre Gedanken aufzuschreiben, entdecken Sie Ihre Schwachstellen, so dass Sie sich verbessern können. Und Sie werden erkennen, wie viel Sie erreicht haben!

Selbst wenn das Führen eines Tagebuches nicht zu Ihren Gewohnheiten gehört, würde ich Ihnen raten, täglich wenigstens die ersten Zeilen auszufüllen. Verwenden Sie das unten stehende Tagebuchformat, das Sie so oft wie zum täglichen Gebrauch nötig kopieren können.

Tragen Sie als erstes Ihr Gewicht ein, das Sie morgens ohne Kleidung gleich nach dem Aufstehen und der Blasenentleerung ermitteln. Egal, ob Sie abzunehmen versuchen oder nur Ihr Gewicht halten wollen, es hilft in jedem Fall, sich täglich zu wiegen. Wenn Sie mehr wiegen als am vorhergehenden Tag, müssen Sie an diesem Tag beim Essen ein wenig zurückstecken. Es reicht gewöhnlich kleinere Portionen zu essen (besonders bei der warmen Mahlzeit) und auf den Nachtisch zu verzichten. Diese regelmäßige Überwachung ermöglicht es Ihnen, Ihr Gewicht zu halten, so dass sich Extrapfunde nicht langsam bis zur Katastrophe ansammeln. Manche Menschen, die nach einem Diätplan leben, ziehen es allerdings vor, sich nur einmal pro Woche zu wiegen. Tun Sie das, was Ihnen am besten hilft! Wenn Sie abzunehmen versuchen, lassen Sie sich nicht

Ihr Cellulite-Reduzierungs-Tagebuch

Woche Nummer: ______ Tag: ________________ Datum: ______________ Gewicht: ______________

Warum ich heute mit mir selbst zufrieden bin: ____

Mein heutiges Motto: ____

Training

	Ziel	tatsächlich erreicht
Pressometrie – Anzahl der Einheiten		
Stromliniendehnung – Anzahl der Einheiten		
Zwölf-Minuten-Wunder – Anzahl der Einheiten		
Oberschenkel-Schlankmacher – Zeit		
Aerobic-Training – Zeit		

Diät

Habe ich heute beim Frühstück meinen Diätplan befolgt?	ja/nein	
beim Mittag?	ja/nein	
beim Abendessen?	ja/nein	
bei den Snacks?	ja/nein	
Habe ich heute übermäßig „gefuttert“?	ja/nein	

entmutigen, wenn eine Stagnation eintritt und Sie mehrere Tage lang nicht messbar abnehmen. So lange Sie nicht zunehmen, sind Sie auf dem richtigen Weg.

Behalten Sie stets Ihr Ziel im Auge. Wenn Sie über 30 Jahre alt sind, kann es das Gewicht sein, das Sie hatten, als Sie Anfang Zwanzig waren. Denken Sie auch daran, dass Ihr Gewicht sich leicht erhöhen kann, wenn Fett durch Muskulatur ersetzt wird, und lassen Sie sich daher nicht entmutigen, wenn Sie trainiert haben und ein wenig schwerer sind.

Als nächstes schreiben Sie auf, warum Sie mit sich selbst zufrieden sind. Optimismus und Glücksgefühle können nur hilfreich sein. Man findet täglich irgendeinen Grund, um sich zu freuen: Die Sonne scheint! Sie fühlen sich voller Energie! Sie haben Ihre Einheit des **Zwölf-Minuten-Wunders** geschafft, bevor die Kinder aufwachten oder das Telefon klingelte.

Wählen Sie eine Verhaltensweise, die Sie an diesem Tag besonders betonen wollen; wiederholen Sie für sich einen positiven Satz, ein Motto, um sich in diesem Verhalten zu bestärken. „Steh aufrecht." „Spüre die Energie." „Atme tief." „Geh eng." „Zieh das Fett ein." „Schmecke jeden Bissen." „Wasser ist herrlich." Wenn Sie täglich eine kleine gute Verhaltensweise kultivieren, machen Sie sie schnell zu einem Bestandteil Ihres Lebens.

Die nächste Eintragung in Ihrem Tagebuch betrifft den Trainingsplan für diesen Tag – die Anzahl der Einheiten für **Pressometrie**, **Stromliniendehnungen**, das **Zwölf-Minuten-Wunder**, die **Oberschenkel-Schlankmacher** oder **Aerobic**.

Schließlich tragen Sie ein, wie gut Sie Ihren Diätplan über den ganzen Tag befolgt haben. Ob Sie nun Ihr Ziel erreicht haben oder nicht: Das Erreichte oder die Schuldgefühle werden Ihre Handlungsweise für den nächsten Tag positiv beeinflussen!

Wöchentliche Zielerfüllung

Ihre Einschätzung der wöchentlichen Zielerfüllung (Seiten 124–125) ist ziemlich wichtig – nur um zu verfolgen, ob Sie tatsächlich Ihre GEWEFEZ-Diät und Ihren Übungsplan einhalten. Natürlich kann es vorkommen, dass Sie nicht jeden Tag perfekt waren, aber wenn Sie Ihr Ziel an mindestens fünf Tagen pro Woche erreichen, ist es schon großartig! Seien Sie nett zu sich selbst und klopfen Sie sich für jedes erreichte Ziel auf die Schulter! Sie haben es verdient!

Das Wichtigste ist am Ende, wie Sie sich mit Ihrem Körper fühlen. Jetzt ist der richtige Zeitpunkt, sich selbst ehrlich einzuschätzen und dabei nicht übermäßig kritisch zu sein. Nehmen Sie den allerwichtigsten Test vor: die Spiegelreaktion. Betrachten Sie sich selbst im Spiegel und schätzen Sie ein, ob die grübchenartige Cellulite sehr stark (+3), stark (+2), minimal (+1) oder gar nicht vorhanden (0) ist. Ihr Ziel sollte ganz einfach sein, sich selbst zu zeigen, dass Sie Ihr Aussehen verbessern. Tragen Sie diese Beobachtungen in Ihre Tabelle mit der Einschätzung der wöchentlichen Zielerfüllung ein. Sie werden immer mehr mit Ihrem Spiegelbild zufrieden sein.

Messen Sie als nächstes Ihre Taille; die Hüften (an der breitesten Stelle); den rechten und linken Oberschenkel oben, in der Mitte und unten (dicht über dem Knie). Wiederholen Sie alle Messungen aller vier Wochen und tragen Sie sie in Ihre Tabelle ein. Auch wenn die einzelnen Maße sich vielleicht nur wenig ändern und manche überhaupt nicht, werden Sie doch erfreut sein, jeden Monat eine kleinere Summe aller Maße festzustellen, und selbst geringfügig kleinere Maße ergeben eine gewaltige Verbesserung Ihres Aussehens! Ihr Ziel soll es sein, insgesamt etwa 2,5–5 cm zu verlieren.

Wie steht es um Ihr Spiegelbild? Sehen Sie besser aus als vergangene Woche, sind Ihre Cellulitezonen glatter geworden?

Dieses Programm bedeutet für Sie ein gesünderes, glücklicheres Leben. Sie werden sich besser fühlen, Sie werden besser aussehen und Spaß dabei haben!

Einschätzung der

	BEGINN	Wo.1	Wo.2	Wo.3	Wo.4	Wo.5
Datum						
Gewicht						
Spiegelbild *						
Maße (in cm)						
Taille						
Hüfte						
Oberschenkel oben L/R						
Oberschenkel Mitte L/R						
Oberschenkel unten L/R						
Summe aller Maße						
Diät Anzahl der eingehaltenen Tage						
Training Gesamtsumme der Einheiten						
Pressometrie						
Stromliniendehnung						
Zwölf-Minuten-Wunder						
Schenkel-Schlankmacher						
Aerobicstunden						
Einschätzung Habe ich diese Woche meinen GEWEFEZ-Plan eingehalten?		ja/nein	ja/nein	ja/nein	ja/nein	ja/nein
Worauf bin ich beim Einhalten meines GEWEFEZ-Planes am meisten stolz?						
Was war mein größtes Problem beim Einhalten des GEWEFEZ-Planes?						
Habe ich diese Woche meinen Übungsplan eingehalten?		ja/nein	ja/nein	ja/nein	ja/nein	ja/nein
Was war meine größte Freude beim Üben?						
Was war mein größtes Problem beim Üben?						
Meine größte Verbesserung diese Woche:						
Verhalten, das nächste Woche betont werden soll:						

wöchentlichen Erfolge

* Bewerten Sie das grübchenartige Aussehen Ihrer Cellulite:
„+“ wenn verbessert, „0“ wenn unverändert, „–“ wenn verschlechtert

Wo.6	Wo.7	Wo.8	Wo.9	Wo.10	Wo.11	Wo.12	ZIEL
ja/nein	ja/nein	ja/nein	ja/nein	ja/nein	ja/nein	ja/nein	ja/nein
ja/nein	ja/nein	ja/nein	ja/nein	ja/nein	ja/nein	ja/nein	ja/nein

Index

Danksagung des Verlegers

Die Gymnastikanzüge wurden freundlicherweise von „Sportique Fitness“ zur Verfügung gestellt.

Das Geschirr wurde freundlicherweise von Waterford, Wedgwood und Rosenthal bereitgestellt.
Dank gebührt Carol Bateman, BASRD, für die Analyse der Nährstoffe in den Rezepten und Barbara Horn für die Umrechnung der Maßeinheiten für die englischsprachige Ausgabe.